AF299399

TRISTAN LEGAY

Les Amours de Victor Hugo

Vous m'avez toujours cru vivant par l'esprit,
et je ne vis que par le cœur.

VICTOR HUGO.

AVEC PORTRAITS ET AUTOGRAPHES

PARIS

ÉDITIONS DE LA PLUME

31, RUE BONAPARTE, 31

—

1901

LES

AMOURS DE VICTOR HUGO

DU MÊME AUTEUR

AVANT VINGT ANS

POÉSIES

Préface de FRÉDÉRIC MISTRAL

EN PRÉPARATION

VICTOR HUGO JUGÉ PAR SON SIÈCLE

(ÉTUDES)

1 VOLUME

ÉMILE COLIN, IMPRIMERIE DE LAGNY (S.-&-M.)

Adèle

TRISTAN LEGAY

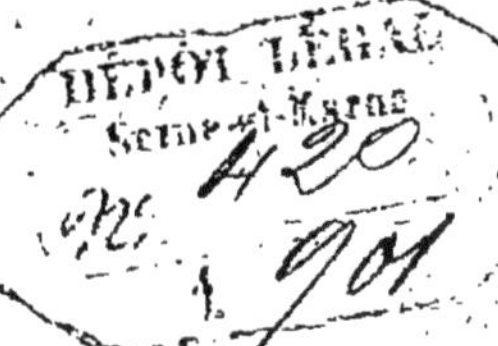

Les Amours de Victor Hugo

> Vous m'avez toujours cru vivant par l'esprit,
> et je ne vis que par le cœur.
> VICTOR HUGO.

— AVEC PORTRAITS ET AUTOGRAPHES —

PARIS

ÉDITIONS DE LA PLUME

31, RUE BONAPARTE, 31

1901

AU

« JEUNE CRITIQUE »

avec l'expression sincère de ma gratitude,

puisque je lui dois

d'avoir écrit ces pages.

T. L.

Pictor

LETTRE DE VICTOR HUGO A ADÈLE FOUCHER

Samedi Soir.

prétendre à sa amour? suis-je donc plus qu'un autre ou qu'un autre? je l'aime, il est vrai, moi, je serai prêt à tout lui sacrifier ate fois, vrai, jusqu'à l'espérance d'être aimé d'elle, il n'y a pas de dévouement dont je ne sois capable pour elle, ipsa au risque d'avoir pour récompense, mais est-ce qu'elle pourrait être autrement? est-ce qu'elle n'est pas l'unique but de ma vie? qu'elle me montre de l'indifférence, de la haine même, ce sera mon malheur; voilà tout. qu'importe, si cela ne nuit pas à sa félicité! Oh ou...! si elle ne peut m'aimer, je n'en dois accuser que moi, mon devoir est de m'attacher à ses pas, d'environner sa existence de la mienne, de lui servir de rempart contre les périls, de lui offrir ma tête pour marche-pied, de me placer sans cesse entre elle et toute douleur, sans réclamer de salaire, sans attendre de récompense. trop heureux si elle daigne quelquefois jeter un regard de pitié sur son

esclave et de se souvenir de moi au moment
du danger ! Hélas ! que elle se laisse
jeter ma vie au devant de tous ses dangers, de
toutes les affaires, qu'elle me permette de
baiser avec emport la trace adorée de ses pieds,
qu'elle consente à appuyer parfois sa marche
sur moi dans les difficultés de l'existence,
et j'aurai obtenu le seul bonheur auquel
j'ai la présomption d'aspirer. Parce que je suis
fier à vos lui intimider, est-ce que elle me
doit quelque reconnaissance ? est-ce la faute
si je l'aime ? faut-il qu'elle se croie pour
cela contrainte de m'aimer ? Non, elle pourrait
de jouir de mon dévoûment, payer ou haîne mon
service, repousser mon idolâtrie avec mépris,
sans que j'aie un moment le droit de me plaindre
de lui, sans que je dusse cesser un instant
de lui prodiguer tout ce que elle dédaignerait.
Et quand chacun de mes jours aurait été
marqué par un sacrifice pour elle, le

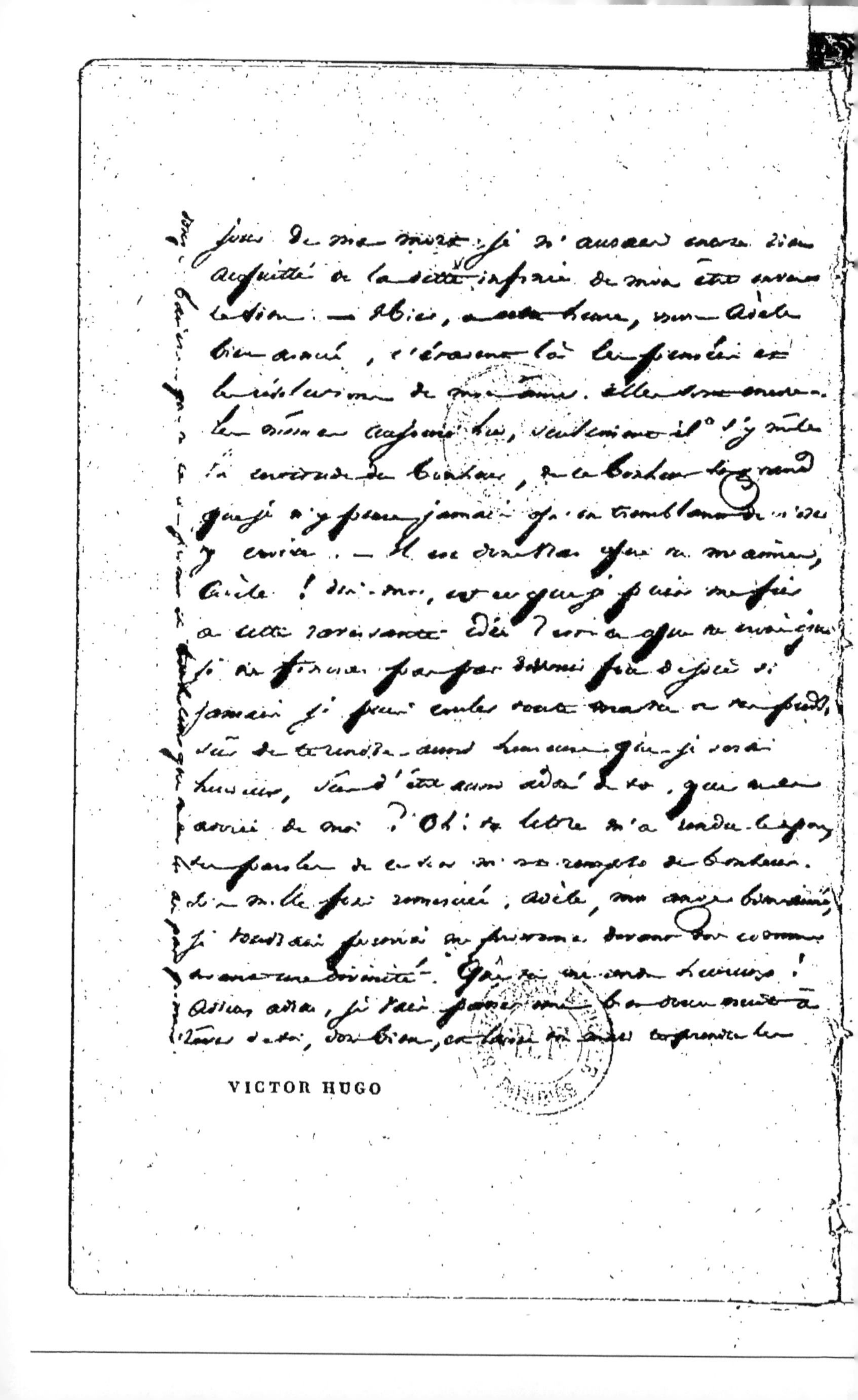

VICTOR HUGO

LES
AMOURS DE VICTOR HUGO

Lorsque *Dieu* parut, en juin 1891, Catulle Mendès, qui fut aimé du Maître, lui écrivit (sans doute!), entre autres belles choses, ces lignes, que je gravai — faute de mieux! — dans le marbre portatif de ma mémoire :

« ...... La preuve que vous vivez, c'est le livre toute la nuit lu et relu, ardemment, follement, sur lequel j'ai ri d'admiration et pleuré d'extase, que je vais relire et relire encore, et relire toujours, quand j'aurai achevé de noircir cette page. Qu'il soit su-

2

blime, voilà, certes, qui n'a *rien d'extraordinaire* ; que vous y soyez monté, non pas dans
des brumes, non pas dans de fausses lueurs,
mais dans la plénitude d'une céleste lumière, jusqu'à des hauteurs où vous-même
vous n'aviez jamais atteint ; que, par l'énor-
mité et la simplicité de la conception, par
la miraculeuse abondance des images (des
images nouvelles, ô miracle !), par la stupéfiante multiplicité des rythmes (car vous
en inventez encore, après les avoir tous in-
ventés !), vous nous ayez donné une œuvre
qui, avec toutes les splendeurs de vos œuvres précédentes, contient d'inespérées
splendeurs, il n'y a *rien non plus d'étrange à
cela*, — puisque *telle est votre coutume* (1) ! et

(1) ..... Tout cela, dis-je, *ne me surprend pas*, c'est le
régal où je suis *accoutumé*..... Il est arrivé l'événement
le moins extraordinaire, le plus attendu, le plus souvent reproduit, le plus facile à prévoir, c'est-à-dire que
Victor Hugo a fait un nouveau chef-d'œuvre. Dans notre
vie actuelle et mesquine, un poème de Victor Hugo qui
surgit, c'est comme si, dans une soirée de bons bour-

c'est avec *une espèce d'épouvante* que, pareils à des fidèles prosternés, éblouis déjà jusqu'à la brûlure et à la fixité hagarde par la clarté toujours plus flamboyante de leur dieu (1), nous attendons les manifestations futures de votre génie. »

Et il ajoutait que le livre arrivait *à son heure* — à cause des troubles littéraires de

geois occupés à jouer au loto, en mangeant des marrons et en buvant du cidre, on voyait tout à coup entrer un lion. Mais on s'y est habitué. Le lion est venu si souvent que, lorsqu'il apparaît, montrant ses dents terribles et sa gueule rose, et secouant sa crinière de lumière et de flamme, on dit : «Ah! c'est le lion !.....» — THÉODORE DE BANVILLE (*Paris vécu : — Torquemada*).

(1) Victor Hugo ne nous a pas seulement laissé le travail prodigieux offert de son vivant à notre admiration. Le déroulement des chefs-d'œuvre posthumes transforme cette admiration en *une sorte d'effroi sacré*, en face d'une telle puissance de création. On dirait qu'il veut nous donner la preuve de l'immortalité toujours féconde de son génie au delà de ce monde, comme il aimait à l'affirmer d'après la conviction philosophique qu'il s'était faite. — LECONTE DE LISLE (*Discours de réception à l'Académie*).

cette époque décadente, célèbre par ses étrangetés étrangères à l'Art, inoubliable par ses tentatives poétiques, véritables attentats contre la Poésie. L'auteur de *la Reine Fiammette* concluait ainsi :.

« Même les plus têtus espéreurs de nouveauté se lassent de tant de puérile émeute à propos de vétilles sans innovation véritable ; et que quelques esprits de haute et réelle valeur se compromettent encore en la compagnie de douze plaisantins médiocres dénués de tout, sinon de sottise et d'envie, cela n'empêche pas qu'avec ses enfantillages et ses clabauderies, ce jeune monde ne ressemble enfin à une cour de collège, la cour des petits, où se fait trop de bruit en des disputes pour des billes (pendant ce temps on ne fait pas ses devoirs !) ; et il était temps, oui, mon maître, que votre simple et énorme poème, cloche d'or et de bronze, en le clair midi, sonnât triomphalement, impérieusement, et ordonnât : « Allons, jeunes gens, en classe ! »

Certes, vous aviez raison, mon maître, et le poème sur *Dieu* vint à son heure. Oui, oui, il était temps, et vous l'expliquez fort bien. Mais que pensez-vous de l'apparition des *Lettres à la fiancée* ? N'est-elle pas, elle aussi, d'une « opportunité presque stupéfiante », et ne prouve-t-elle pas, elle aussi, que le Maître « n'a jamais cessé de vivre, qu'il est toujours parmi nous, attentif comme naguère et sachant les choses » ?

I

N'est-ce pas, parmi tant d'étranges phénomènes, un des plus curieux que de voir
l'Amour sauvé deux fois par celui qu'on accuse de n'avoir jamais aimé ? Car il est bien
entendu, et dûment établi, n'est-ce pas, que
Victor Hugo n'a jamais aimé. Ce qui ne l'a
pas empêché pourtant de ressusciter l'A-
mour, lequel était mort jadis... oui, mort
tout à la fois de honte devant les débauches
de Louis XV, et de dépit devant les fadeurs
libertino-galantes chères à la nullité mièvre
de pauvres âmes voltairiennes. A la voix
d' « Hernani » et à l'appel des « Chansons

des rues et des bois », le pauvre Lazare était sorti de son tombeau et avait retrouvé toute sa jeunesse. Il était beau et fort, et non tel que ce fantôme mélancolique et rêveur confident des Renés, des Elvires et des clairs de lune, mais tel que la divine et blonde Astarté, « qui fécondait le monde en tordant ses cheveux ».

Or, l'ami divin de Lazare étant mort à son tour, les ennemis du ressuscité se jetèrent sur lui et lui firent passer le goût des chansons. Cette fois, il semblait bien mort, et sans espoir de résurrection. Car un dieu trépassé ne peut plus ranimer un bonhomme défunt. Et l'on ne se méfie pas d'un dieu trépassé.

On a tort. Les dieux font toujours des miracles, même après leur trépas. Et d'abord, bonnes âmes, parce que leur trépas n'est point une mort.

Et voilà pourquoi, cette année, parmi le réveil du printemps, nous avons vu resurgir l'Amour. Ce Lazare déjà ressuscité à l'aurore du siècle dernier, reparaît à l'aube de celui-ci. Voilà un mort bien récalcitrant ! Qu'en pense M. Paul Adam ? Qu'en pensent MM... ? Mais, pardon ! *le reste ne vaut pas l'honneur d'être nommé*. Une œuvre peut avoir germé dans les égouts et trouver des admirateurs. Plaignons ceux-ci et ignorons celle-là. Derrière la lance de Paul Adam apparurent, auxiliaires mais accessoires, les dents fauves de quelques chacals... Mais qu'importe, à présent, toute cette noirceur !

Bonheur ! Soleil ! Les maux et les froids sont finis ;
L'azur est dans le ciel, l'amour est dans les nids ;
L'amour trouble les yeux de vierge des gazelles ;
Oiseaux, mêlez vos chants ; âmes, mêlez vos ailes ;
Gloire à Dieu !

Et gloire au dieu Victor Hugo !
Voilà donc l'Amour, l'antique Amour qui reparaît, « jeune, ardent, fou, sauvage, ex-

quis, attendri, désolé, luttant, souffrant,
saignant, chantant, humain, surhumain,
frêle, fragile — immortel » !

O ciel époux, reçois la terre fiancée.
Êtres, l'amour est flamme et l'amour est rayon ;
Il tend d'en haut la lèvre à la création,
Et la nature pose, en entr'ouvrant son aile,
L'universel baiser sur la bouche éternelle !

*
* *

Mais voici de la prose. Elle est d'un
jeune critique. Ce jeune critique est un
homme de beaucoup d'esprit, mais pour
qui les légendes sont sacrées. Il a toujours
été convenu, n'est-ce pas, — et je le rappe-
lais tantôt, que Hugo détenait dans sa triste
poitrine le cœur le plus gaiement insensible
à l'amour. Lui aussi fut un conquérant et de
lui aussi on a cru pouvoir dire :

Rien d'humain ne battait sous *son* épaisse armure (1).

Dès lors, l'amour qu'on trouve dans les *Lettres à la fiancée*, c'est tout ce qu'on voudra, mais ce n'est pas de l'amour; ou, si vous aimez mieux, c'est de l'amour produit par un cœur qui serait physiologiquement incapable d'être amoureux.

Mon Dieu! ce paradoxe n'est pas nouveau. Il résume une idée fixe des contemporains de Hugo. Bien avant notre « jeune critique », mais après beaucoup d'autres, Dumas fils, en 1885, proclama ceci : « Ce Jupiter (Hugo) a fait quelquefois aux amours terrestres la concession de se changer en cygne ou en taureau, pour se rendre visible et compréhensible à des

(1) C'est à Napoléon que s'adresse ce vers, qu'on croirait de Hugo mais qui est de Lamartine, et qui peut-être ne convient qu'à demi à l'amoureux passionné de Joséphine et au père attendri du roi de Rome. (Voir la note de la page 25.)

créatures mortelles, pour prouver sa grâce et sa force, pour se reposer un moment de ses travaux et de sa grandeur, mais il n'a aimé vraiment qu'une femme, la seule qui pût satisfaire ce mâle prodigieux : la Gloire (1) » !

C'est dit avec beaucoup d'assurance. Eh bien, c'est faux ! Et parmi le fatras de légendes qui constitue l'opinion du dix-neuvième siècle sur Hugo, il n'en est pas de plus irritante, de plus exaspérante. On applique à Olympio ces paroles de don Carlos (qui, d'ailleurs, ne se les adresse pas à lui-même sans quelque amertume) :

L'empereur est pareil à l'aigle, sa compagne.
A la place du cœur, il n'a qu'un écusson !

Et personne ne songe à méditer les axiomes suivants qu'assombrissent les dépits beaucoup moins héroïques d'un autre mo-

______

(1) *Réponse au discours de réception de Leconte de Lisle.*

narque ; oui, personne ne s'aviserait de chercher dans ces pensées, pourtant si familières aux lecteurs de Hugo une indication sur le véritable état d'âme qui fut le sien, de sa quinzième année jusqu'à son dernier jour :

Le colosse a besoin, qu'il soit *lion* (1) ou mage,
Que l'atome soit près de lui dans cette cage,
Le destin. En amour, personne n'est petit.
La barque aide un trois-ponts tonnant qui s'engloutit ;
La douce Inez soutient l'effrayant roi Don Pèdre ;
Un brin d'herbe devient le point d'appui d'un cèdre.
Ah ! l'enfant Cupidon, ce petit drôle-là,
Toujours au sort des grands et des dieux se mêla,
Et le titan, l'archange immensele génie,
Se meurt, si ce marmot ne lui tient compagnie.

Aimer ! être aimé ! mais cela parut toujours à Victor Hugo, non pas seulement le mot de la vie, mais la condition première

(1) Ailleurs, cet « impassible », cet homme qui ne pouvait aimer que la Gloire, avait dit :

     .....Les cœurs de *lion* sont les vrais cœurs de père.

Et si le mot est vrai de Napoléon, combien plus encore l'est-il de l'auteur des *Feuilles d'automne* (et de tant de perles, dont on a fait le *Livre des mères*).

d'une existence. Rappelez-vous l'éloquente pièce des *Feuilles d'automne* qui a pour épigraphe : *Quien no ama, no vive.* Il serait plaisant de venir dire à l'auteur de ces admirables commentaires :

Vous n'avez pas vécu, vous n'avez pas aimé !

Et voulez-vous en savoir davantage ?... Ouvrons cet écrin si peu connu encore, et où dorment tant de merveilles, je veux dire *Toute la lyre,* un des ouvrages les moins lus de Hugo (1) (car c'est un de ceux que l'on vend le moins) et qui ne renferme pas moins de chefs-d'œuvre que n'importe quel autre recueil du Maître. Nous y trouverons cette page douloureuse et tragique, cette page émouvante et sublime, qui nous livrera l'âme tout entière d'Olympio :

(1) Parce qu'une légende (toujours des légendes !) veut qu'il soit fort au-dessous des recueils antérieurs.

Vous m'avez éprouvé par toutes les épreuves,
Seigneur. J'ai bien souffert. Je suis pareil aux veuves
Qui travaillent la nuit et songent tristement ;
Je n'ai point fait le mal et j'ai le châtiment ;
Mon œuvre est difficile et ma vie est amère ;
Les choses que je fais sont comme une chimère ;
Après le dur travail et la dure saison,
J'ai vu mes ennemis marcher sur ma moisson ;
Le mensonge et la haine et l'injure, avec joie,
Ont mâché dans leurs dents mon nom comme une proie ;
J'ai tant rêvé ! le doute a lassé ma raison (1) ;
L'ardente jalousie, âcre et fatal poison,
A, dans mon cœur profond qui brûle et se déchire,
Tué la confiance et le joyeux sourire ;
J'ai vu, pâle et des yeux cherchant ton horizon,
Des cercueils adorés sortir de ma maison,
J'ai pleuré comme fils, j'ai pleuré comme père,
Et je tremble souvent par où tout autre espère.

Mais je ne me plains pas, et je tombe à genoux,
Et je vous remercie, ô maître amer et doux ;
Car vous avez, Dieu bon, Dieu des âmes sincères,
Mis toutes les douleurs et toutes les misères
Sur moi, sur mon cœur sombre en vos mains comprimé,
Excepté celle-là d'aimer sans être aimé !

(1) Voir, dans les *Chants du crépuscule : — Que nous*
avons le doute en nous.

Entre autres énormités, le « jeune critique » détaille celle-ci. L'auteur des *Lettres à la fiancée* veut épouser son Adèle, soit ! — mais cela ne prouve pas qu'il l'aime... Au contraire !

« ..... Il veut l'épouser encore plus qu'il ne l'aime. Il veut arranger sa vie, il veut se caser (?) pour travailler en paix : il prend pour compagne la première jeune fille qu'il a trouvée sur sa route, il ne la choisit pas. Il ne l'aime pas *pour elle*, il pense surtout à lui, sans qu'il s'en doute : il veut avoir un *chez-soi*, être déjà marié et installé, n'avoir plus qu'à s'occuper de produire, pour réaliser cet avenir de gloire dans lequel on sent, à travers la modestie de ses lettres, qu'il a une confiance inébranlable. »

Que répondre à une interprétation aussi fantaisiste ? Autant de mots, autant d'erreurs. Prions le « jeune critique » de se reporter aux *Lettres à la fiancée,* notamment à celle du mardi 8 janvier 1822. Que ne puis-je la citer ici tout entière ! Pour quiconque sait lire, elle déborde d'amour, de l'amour le plus profond, le plus senti, le plus vécu ! Citons-en du moins un passage, et imprimons en capitales les phrases qui contredisent le mieux notre « jeune critique » :

« FALLUT-IL, POUR T'OBTENIR TROIS MOIS PLUS TÔT, ABANDONNER LES PROJETS ET LES RÊVES DE TOUTE MA VIE, SUIVRE UN ÉTAT NOUVEAU, ENTREPRENDRE DES ÉTUDES NOUVELLES, CE SERAIT, MON ADÈLE, AVEC BIEN DE LA JOIE. TU SERAIS A MOI ; AURAIS-JE QUELQUE CHOSE A REGRETTER ? Je remercierai le ciel de toutes les épines dont il sèmera ma route, pourvu que cette route conduise à toi.....

» Je crains quelquefois que l'on ne t'ait mis dans la tête les idées les plus étranges. Je crains que tu ne t'imagines que la carrière des lettres est l'objet de toute ma vie,

3.

tandis que je ne me suis attaché à cette carrière que parce qu'elle m'offrait les moyens
les plus aisés et les plus nobles de t'assurer
un sort indépendant. J'aimerais, je l'avoue,
à voir le nom que tu porteras chargé d'une
grande gloire littéraire, car cela assignerait
à ma femme un rang digne d'elle, un rang
au-dessus de tous les rangs sociaux. EH
BIEN ! QUE DEMAIN ON ME DONNE MON ADÈLE
AVEC LA CONDITION DE NE PLUS FAIRE UN VERS
DE MA VIE, POURVU QUE J'AIE UN AUTRE
MOYEN D'ASSURER TON EXISTENCE, JE LE DIS
COMME JE LE LE DIRAIS A DIEU, JE NE M'APER
CEVRAI PAS QUE LE BONHEUR DE TE POSSÉ
DER M'AIT RIEN COUTÉ ; CAR, PRÈS DE CE BON
HEUR, TOUT LE RESTE A MES YEUX N'EST
RIEN.

» Je ne puis, ma bien-aimée Adèle, rien
te dire de plus ni de moins. Le jour où je
t'ai dit que je t'aimais, je t'ai dit tout cela.
L'amour est le seul sentiment qui ne puisse
être exagéré. Tu m'ordonnerais demain, pour

t'amuser, de mourir, que je devrais t'obéir à l'instant, ou autrement je ne t'aimerais pas (1). *Aimer, ce n'est plus vivre en soi, c'est vivre dans un autre. On devient étranger à sa propre existence pour ne s'intéresser qu'à celle de l'être aimé.* Aussi, tous les sacrifices, tous les dévouements de ton Victor pour toi n'auront-ils jamais aucun mérite ; ils seront les conséquences nécessaires d'un sentiment développé par des circonstances indépendantes de ma volonté. Tu dois me comprendre si tu m'aimes. En t'aimant, je dois tout rapporter à toi, alors je ne suis plus rien à mes propres yeux et, si quelque chose de moi peut t'être utile, il est tout simple que je te le livre à l'instant, fût-ce ma vie. »

N'est-il pas vrai que la passion parle là toute pure, comme dit Alceste ? Eh bien, le

----

(1) *Oh! qu'un coup de poignard de toi me serait doux !*

(*Hernani.*)

livre ne dit que cela à toutes les pages. Et il n'y a, certes, pas d'exagération quand le jeune amoureux termine ainsi une de ses missives : « Adieu ! j'ignore si tu pourras lire ce griffonnage. *A tous les mots qui t'échapperont, substitue* JE T'AIME, tu en auras toujours la pensée. » Un autre jour, il écrit : « J'AI UNE GRANDE FACULTÉ DANS L'AME, CELLE D'AIMER, et tu la remplis tout entière. »

Au début, le mariage, entravé par mille obstacles, paraît bien difficile. L'héroïque Victor commente ainsi la situation : « L'homme qui met sa vie en jeu dans les calculs de son avenir est presque toujours sûr de gagner (1) ; et moi, je n'épouserai jamais que toi ou une boîte de sapin. »

Que dites-vous de l'éloquence de cette formule ? — Quelques semaines plus tard, la situation se complique davantage. Le fidèle

(1) Qui veut mourir ou vaincre est rarement vaincu.

(CORNEILLE.)

amoureux la résume de nouveau dans une phrase lapidaire : « Mon sort est bien simplifié ; je n'ai plus que deux perspectives, toi ou la mort. »

Mais cette mort, dont il parlera longtemps, et comme d'une chose de peu d'importance, d'ailleurs bien résolue, cette mort l'épouvante par moments. « Qui sait si, même après la mort, on peut oublier qu'on n'est plus aimé ? » — N'être pas aimé ! voilà sa grande terreur. Qu'est-ce que mourir, à côté de cela ? « L'immortalité de mon âme ne me semblerait qu'un grand et triste désert, si je ne devais le traverser entre tes bras. »

On frémit bien des fois, à la lecture de ces lettres, en pensant qu'une jeune fille de quinze ans a tenu dans ses mains tout l'avenir, toute la gloire de Victor Hugo. Un peu d'indifférence pour son Victor, et la postérité, sans compter les contemporains, eût été frustrée de tous ces chefs-d'œuvre qui feront à jamais la joie et l'étonnement des siècles.

Souvent femme varie ! Et ils ont attendu trois ans et demi ! Quel trou formidable pouvait creuser dans le Parnasse la main mignonne d'une enfant !

Plus tard, lorsque l'amour · de Victor a vaincu, lorsqu'il *marche vivant dans son rêve étoilé,* il se plaint de ne pas trouver de mots pour exprimer son bonheur. Puis il ajoute : « Comment ! ce n'est que d'avant-hier ! Il me semble qu'il y a déjà longtemps que mon bonheur est à moi. J'ai tant senti dans ces deux jours ! »

En vérité, je ne vois pas d'excuse aux contresens fabuleux du « jeune critique ». Et la seule explication qu'on en puisse donner, c'est celle-ci : Un critique sait toujours, en ouvrant certains livres, ce qu'il va y lire. Et il le lit — toujours... même quand le livre dit tout le contraire ! Ainsi la morale de cette histoire est fort piquante. Elle est, d'ailleurs, dans les *Profils et Grimaces* de Vacquerie, où elle moliérise la légende de

« l'Art pour l'art » (encore une légende !) et nous vaut une des pages les plus savoureuses du maître ironiste.

Mais revenons au « jeune critique ». Les *Lettres à la fiancée* se terminent généralement par ces mots : *Ton mari,* — *Ton mari fidèle,* — *Ton mari qui t'embrasse.* Le « jeune critique » s'en aperçoit. Et il s'en offusque. *Ton mari !* « C'est très bourgeois. »

C'est très inintelligent, ce manque absolu de perspicacité, pour qui prétend juger. Et juger qui ? Hugo ! Comment ne pas voir, de la première à la dernière lettre : *d'abord*, que Victor *veut s'imposer* à Adèle, son amie d'enfance (très jaloux déjà, il est le mari, il voudrait que... que ce fût bien entendu, qu'elle ne songeât pas un instant qu'elle pourrait être à un autre) ; *ensuite*, que ces lettres, écrites en cachette, doivent renouveler tout le temps la promesse formelle de mariage, sans laquelle son amour serait coupable et honteux et mal accueilli, et, ce qui est pis,

lui mettrait à dos, au cas d'une surprise, les
parents de sa jeune amie. Voici, à la date
du 18 avril 1820 (deux ans et demi avant le
mariage), un court passage qui démontre
complètement tout cela :

« ..... Reçois ici mon inviolable promesse
de n'avoir jamais d'autre femme que toi et de
devenir ton mari sitôt que cela sera en mon
pouvoir. Brûle toutes mes autres lettres et
garde celle-ci. L'on peut nous séparer ; mais
je suis à toi, éternellement à toi..... N'oublie
jamais cela. »

Cette « promesse inviolable » charme la
« fiancée ». Elle le prie parfois de la redire.
Et lui alors de s'écrier :

« Quand tu me dis de te répéter souvent
que je suis ton mari, juge quelle est ma joie
et mon orgueil. Oh ! oui, je suis ton mari, ton

défenseur, ton protecteur, ton esclave ; le jour où je perdrais cette conviction, je suis certain que mon existence se dissoudrait d'elle-même, parce qu'il n'y aurait plus de base à ma vie. »

Vous voyez que nous sommes loin de la version du « jeune critique », du monsieur qui prend femme au hasard, histoire de se marier, *de se caser* (??), *d'arranger sa vie*, et de pouvoir, *tranquille* désormais avec ses sens, *travailler en paix* à de gros bouquins, tandis que sa moitié reprisera ses chaussettes ou classera ses manuscrits, tout en dorlotant ses marmots.

Le « jeune critique » cite encore ce passage des *Lettres à la fiancée :* « Tout mon embarras est de trouver des mots qui rendent mes idées et mes émotions. Tu dois trouver quelquefois, Adèle, le langage de mes lettres bizarre : cela tient aux difficultés que j'éprouve à t'exprimer, même imparfaitement,

ce que je sens pour toi. » Et il ajoute :
« J'extrais cette citation d'une des premières
lettres. Les autres sont pleines de passages
analogues, où l'on sent, sous l'amoureux,
l'homme de lettres déjà trop attentif au
verbe. »

Vous entendez bien, n'est-ce pas ? Tout ça,
c'est de la littérature. Quant à l'amour, il
n'y en a pas, parce qu'il ne peut pas y en
avoir. — Singulière puissance d'une idée
fixe ! Les passages qui démentent le mieux
notre « jeune critique » sont précisément
ceux qui lui paraissent le plus probants. On
voit qu'il a profité des leçons de M. Faguet.
L'étude que celui-ci a consacrée à Hugo le
poursuit (et dans tout son article) (1). Un
homme prévenu en vaut deux. Les *lettres à la
fiancée* ont beau lui révéler la plus ardente

(1) Que de choses j'aurais à répondre, si c'était ici le
lieu, à ce qu'il dit de Lamartine, *peut-être mieux doué
que Hugo*, et des imitations par celui-ci de ce même
Lamartine, de Chateaubriand et de Vigny ! (*Sic.*)

passion, le plus fervent amour, le « jeune critique » sait à quoi s'en tenir. Le texte de M. Faguet (avec quelques autres sans doute) plane sur sa lecture et l'empêche d'y voir clair. Essayons cependant de chasser le nuage.

Donc, le fiancé se plaint des « difficultés qu'il éprouve à exprimer, même imparfaitement, ce qu'il sent pour son Adèle ». Pour nous, qui n'y entendons malice aucunement, cela veut dire ce que cela dit, à savoir que son amour est tellement fort, tellement grand, que le pauvre amoureux trouve, quand il en parle, tous les mots trop faibles et trop au-dessous de la vérité. C'est dans le même sens que, recevant, après un très long silence, un court billet doux, il écrira : « Je cherche des expressions pour te rendre mon bonheur, à toi qui en es la cause, et je n'en puis trouver. » Ici, il y a quelque chose de plus que l'impuissance des mots à exprimer son amour ; il y a la difficulté, commune à chacun, de rendre un sentiment trop vif, trop impétueux. Et il ne cherche pas à vaincre la difficulté. Car il n'y a là aucune intention littéraire, quoi qu'en pense le « jeune critique », et c'est la sincérité, la chaleur du sentiment qui rachètent seules la banalité de l'expression, la pauvreté des phrases. Quand il ne reste plus rien de tous les obstacles qui empêchaient son mariage, quand il est sûr que son Adèle ne peut plus lui échapper, il s'écrie ingénument : « Mon Adèle, pourquoi cela ne s'appelle-t-il que de la joie ? *Est-ce qu'il n'y a pas de mots dans la langue humaine pour exprimer tant de bonheur ?* » Bien des amoureux, n'est-ce pas, ont dû dire cela avant lui ; mais *ne pas dire autre chose*, cela prouve peut-être que ce sentiment d'impuissance est invariable, et qu'on en souffre ; et *ne pas chercher autre chose*, cela prouve certainement qu'on a souci, non de la forme, de l'expression, mais du sentiment, rien que du sentiment.

Pour le « jeune critique », Hugo est tout à ses œuvres, et il ne vise que la gloire. J'ai déjà cité quelques passages qui prouvent assez bien le contraire. Je pourrais en citer beaucoup d'autres. Citons encore celui-ci :

« Je ne t'aurais pas promis, chère Adèle, de ne point travailler hier soir, que cela m'eût été impossible (1). Comment, encore tout enivré de cette charmante soirée passée à tes côtés, livrer ma tête et mes idées à un travail QUI ME SERAIT INSIPIDE SI JE NE PENSAIS QUE CE N'EST QU'EN TRAVAILLANT QUE JE

(1) Forcé bien souvent de perdre sa journée en courses et en démarches, il travaillait la nuit pour réparer ce temps perdu. Tout cela, d'ailleurs, visait le même but. Dans le jour, il courait les ministères pour obtenir une pension *promise et due*, qui leur permettrait de se marier; la nuit, il travaillait à ses *Odes* et à son *Han d'Islande*, qui devaient leur procurer aussi un peu d'argent. Mais ce travail nocturne inquiétait la fiancée. Elle ne voulait pas que son Victor se surmenât, même pour hâter ce mariage qu'ils désiraient tous deux avec une égale impatience.

4.

PUIS ME CRÉER UNE EXISTENCE DIGNE DE T'ÊTRE OFFERTE. Je suis rentré transporté. Quel bonheur sera le mien! *Je me suis couché, parce que j'ai pensé que tu te couchais en ce même moment.* Longtemps j'ai repassé dans mon esprit les moindres circonstances de ces instants si tranquilles, si courts et si regrettés, passés près de mon Adèle adorée : longtemps ton souvenir bien-aimé m'a empêché de dormir, et, quand le sommeil est enfin venu, mille rêves de félicité m'ont encore rapporté ton image rayonnante de charme et de douceur. »

Mais il y a mieux. Voulez-vous savoir comme l'amoureux et le travailleur font bon ménage ensemble. Savourez ceci :

« C'est pour moi une jouissance si vive de t'écrire qu'ensuite tout travail me devient insipide et à peu près impossible. D'une émotion si douce et si profonde, comment veux-tu que je passe tranquillement à des émotions étrangères? Comment veux-tu que je songe à peindre des félicités ou des maux imaginaires quand je suis encore plein de ma propre tristesse ou de ma propre joie? Ne m'accuse pas, mon Adèle; tu ne connais pas ce supplice singulier d'appliquer violemment son imagination à mille choses différentes et indifférentes quand notre être tout entier est invinciblement absorbé dans un seul souvenir et dans une seule pensée. A la vérité, c'est toujours à toi que je ramène tous mes ouvrages; mais si ton image préside à toutes mes idées, la nature nécessairement variée de ces idées fait souvent qu'elle ne peut y présider que de loin, et cela ne me suffit qu'à moitié. »

Dès lors, on conçoit combien dut être laborieux l'enfantement des quatre volumes de *Han d'Islande*.

« Il faudra cependant avoir la force de m'arracher à toi, mon Adèle, pour je ne sais quelle insipide correspondance et *cet éternel roman.* »

Pourtant, il devrait commencer à pouvoir *travailler en paix*, comme dit le « jeune critique ». Car le mariage est assuré, car le jeune Victor (qui a justifié son nom) passe l'été à Gentilly, sous le même toit que sa fiancée. Eh bien, Victor n'est pas encore content. Au lieu de travailler, le soir et le matin, à ces heures où il ne peut pas être avec son Adèle, que fait-il? — il lui écrit!... Il lui écrit jusqu'à deux fois par jour, et de longues lettres. Et il se désespère quand elle-même lui écrit un peu moins souvent. D'ailleurs, toujours aussi peu de littérature et encore plus de passion. N'a-t-il pas vingt ans! Il termine ainsi une lettre de plusieurs pages : « Adieu, *quoique j'aie encore mille choses à te dire!* »

*
* *

Le lyrisme ne manque point à ces billets doux, n'en déplaise au « jeune critique ». Seulement, le verbe de Victor Hugo n'est pas né encore. Ce que son vers ailé traduira plus tard si éloquemment dans son œuvre, sa prose d'écolier le balbutie dans ses lettres. Notre maître Paul Meurice a écrit pour ce Hugo inédit que nous lui devons, avec tant d'autres, de précieux commentaires. En tête de ces belles pages, il nous rappelle, par une courte citation des *Feuilles d'automne*, que le Poète revenait avec émotion à ces « lettres d'amour, de vertu, de jeunesse » :

C'est donc vous ! Je m'enivre encore à votre ivresse ;
Je vous lis à genoux.

Il est certain qu'il ne dut pas les relire sans profit, et que les scènes d'amour de ses drames lui durent toutes quelque chose. En feuilletant celles-ci dans ma mémoire, j'y trouve, en effet, de délicieuses réminiscences des *Lettres à la fiancée* :

Tu m'as pardonné, toi, Adèle; mais moi me pardon-
nerai-je jamais ?
..... Tu me pardonnes ; mais, je me le redis amère-
ment, jamais je ne me pardonnerai.

Je ne puis te dire ce qui se passe en moi quand je
vois cette Adèle adorée pleurer à cause de moi.

J'ai des tentations indicibles, quand je t'entends me
parler noblement ou tendrement, de te ravir dans
mes bras ou de baiser le bout de tes pieds.

L'homme vraiment et profondément heureux est
grave et serein, il ne se montre pas gai. Que lui importe tout ce qui l'entoure !
..... Les grandes émotions, Adèle, sont muettes. Le
bonheur parfait ne rit pas.

Je resterai jusqu'au dernier moment tel que tu m'as
toujours vu, prêt à donner ma vie en souriant, si elle
peut te faire la moindre joie.

Elle m'a pardonné,
Et m'aime ! — Qui pourra faire aussi que moi-même,
Après ce que j'ai dit, je me pardonne et m'aime?

(*Hernani.*)

Qui te dira
Ce que je souffre au moins, lorsqu'une larme noie
La flamme de tes yeux dont l'éclair est ma joie ?

(*Hernani.*)

Oh ! je voudrais savoir, ange au ciel réservé,
Où vous avez marché pour baiser le pavé !

(*Hernani.*)

Le bonheur, amie, est chose grave.
Il veut des cœurs de bronze et lentement s'y grave.
Le plaisir l'effarouche en lui jetant des fleurs.
Son sourire est moins près du rire que des pleurs !

(*Hernani.*)

Voulez-vous quelque chose et vous faut-il quelqu'un
Qui meure pour cela ? qui meure sans rien dire
Et trouve tout son sang trop payé d'un sourire ?
Vous le faut-il ? Parlez, ordonnez, me voici.

(*Marion de Lorme.*)

Ainsi je suis appelé sur la terre à une félicité céleste.

O Dieu ! depuis deux jours je me demande à chaque nstant si tant de bonheur n'est pas un rêve ; il me semble que ce que j'éprouve n'est plus de la terre, je ne comprends pas le ciel plus beau.

Oh ! tu es donc à moi ! tu es donc à moi ! Bientôt cet ange dormira dans mes bras, s'éveillera, vivra dans mes bras. Toutes ses pensées, tous ses instants, tous ses regards seront à moi ! Toutes mes pensées, tous mes instants, tous mes regards seront à elle ! Mon Adèle !...

..... Je te vois jeune épouse, puis jeune mère, et toujours la même, toujours mon Adèle, aussi tendre, aussi adorée dans la chasteté du mariage qu'elle l'aura été dans la virginité du premier amour. Chère amie, dis-moi, réponds-moi, conçois-tu ce bonheur, un amour immortel dans une union éternelle ! Eh bien, ce sera le nôtre.

Si toute mon existence n'avait pas été à toi, l'harmonie intime de mon être aurait été rompue, et je serais mort, oui, mort nécessairement.

Donc je marche vivant dans mon rêve étoilé !

(Ruy Blas.)

Devant mes yeux c'est le ciel que je vois !....
Devant moi tout un monde, un monde de lumière,
Comme ces paradis qu'en songe nous voyons,
S'entr'ouvre en m'inondant de vie et de rayons !
Partout en moi, hors moi, joie, extase et mystère !

(Ruy Blas.)

Oh ! comprends-tu ce mot céleste, mariés !
Beauté, pudeur, ton corps sacré, ta chair bénie,
Être l'époux, saisir l'ange éperdu qui fuit !
Te voir à chaque instant, te parler jour et nuit,
Tous les mots du bonheur t'entendre me les dire
Tremblante, et les venir baiser sur ton sourire !
Avoir le paradis pour joug et pour devoir !
Et qui sait ? bientôt, Rose, oh ! ne rougis pas ! voir
Entre ses petits doigts adorés un doux être
Presser ton sein charmant, moi l'amant, lui le maître !

(Torquemada.)

Vois-tu, je n'admets pas, mon ange, une minute
Que je puisse être au monde et ne point t'adorer.

(La Grand'mère.)

Il est probable que Victor n'en voulut pas
trop à son Adèle d'avoir épargné aux missives
de son fiancé l'épreuve demandée par tant de
post-scriptum. Plus d'une fois, il a jeté sur
les lignes juvéniles de l'amoureux la poudre
d'or de son lyrisme, et elles se sont chan-
gées en des vers immortels. Cela vaut certes
mieux qu'une incinération.

*
* *

Parlons un peu de *Han d'Islande*. L'histoire
de cette « vaste composition » est curieuse.

C'était en mai 1821, Victor était séparé de
son Adèle ; on ne pouvait plus se voir ni
s'écrire. L'amoureux était désespéré. Sa
mère l'avait brouillé avec les parents de sa
belle. Et puis il n'avait pas de fortune et ne
pouvait pas encore gagner sa vie, encore
moins celle d'une famille. N'importe ! il ne
se découragea point. Un jour, il s'était écrié :

« Oh! dis-moi, mon Adèle, par quelles peines, par quels travaux t'obtenir! » Et il ne cessait de rêver à des entreprises grandioses où il triomphait, à force d'héroïsme, de la situation où il se mourait (1). S'il pouvait seulement attendrir le père d'Adèle! Oh! que n'eût-il pas fait pour plaire à ce maître de sa destinée (2)! Certainement il aurait voulu le voir exposé aux pires dangers, assailli par la plus atroce des infortunes, sans espoir de secours et sans salut possible? Et quelle joie alors de se dévouer pour lui, d'affronter peines, travaux, périls, douleurs, mille désastres et mille morts, et d'arriver enfin, après des luttes énormes, des

(1) Quand on a la tête pleine de fantaisies héroïques qui vous grandissent à vos propres yeux..... (*Han d'Islande: — Préface de* 1833.)

(2) On doit à M. Foucher un *Manuel de recrutement* qui est un ouvrage sérieux et soigné; et l'on doit à Victor Hugo, qui rédigea longtemps à lui seul tout le *Conservateur littéraire,* un article non moins soigné et non moins sérieux sur la haute valeur technique de cette œuvre spéciale.

prodiges inénarrables, des prouesses déme-
surées, à le sauver, à lui rendre la liberté,
l'honneur, la sûreté, la vie, tout... — sauf sa
fille ! Car c'était le prix du chevalier.

Par malheur, on vivait à une époque fort
calme, où les occasions d'être héroïque de-
venaient affreusement rares. Le destin de
M. Foucher, paisible rond-de-cuir dans un
ministère, ne semblait pas devoir sombrer
bientôt dans quelque aventure sinistre et dé-
sespérée, broyé par une sorte de nœud
gordien dans lequel ses jours se verraient
pris tout d'un coup et que la main d'un héros
pourrait seule trancher ! Impuissant à réaliser ses farouches fictions, l'intrépide Victor
dut se borner à les transporter dans un
roman. Et l'ingénieux éphèbe déposa dans
cette œuvre échevelée « les agitations tumul-
tueuses de son cœur neuf et brûlant, l'amertume de ses regrets, l'incertitude de ses
espérances ».

Nous avons vu que le jour où il fut délivré

de cette incertitude, l'oppression journalière de ce cauchemar qui s'appelle *Han d'Islande* lui devint « insipide ».

Il termina néanmoins cette œuvre de jeunesse, qui obtint un fort grand succès. Son Adèle put se reconnaître dans Ethel ; mais M. Foucher ignora toujours que l'auteur avait rêvé pour lui toutes les infortunes qu'il accumule sur la tête de Schumacker.

II

Victor Hugo n'avait que seize ans lorsqu'il s'aperçut qu'il était amoureux d'Adèle Foucher, sa belle compagne de jeux. Eh bien, sachez... que son cœur « neuf et brûlant » — n'était plus vierge ; l'amour l'avait déjà visité depuis longtemps. Son jeune passé contenait un roman... que dis-je ! — deux romans ! vieux tous deux de plusieurs années.

Une telle précocité va paraître effrayante à plus d'un lecteur. Hâtons-nous de dire que ces premières passions n'avaient pas été bien terribles. Il ne s'agit que d'une double idylle. Cela fut charmant, mais cela ne fit point de grands ravages dans le cœur de « l'enfant sublime ». Victor Hugo, qui aimait à raconter ces souvenirs d'enfance, disait que « chacun pourrait retrouver dans son passé de ces amours d'enfant qui sont de l'amour comme l'aube est du soleil ». Il appelait cela « le premier cri du cœur qui se lève et le chant du coq de l'amour ». — Ce chant du coq n'est pas aussi matinal pour tous ; mais, chez les « impassibles », le cœur « se lève » quelquefois beaucoup plus tôt...

C'était à Bayonne, en 1811. La générale Hugo, qui allait rejoindre son mari en Espagne, dut s'arrêter un mois dans cette ville.

Je pourrai dire un jour, lorsque la nuit douteuse
Fera parler les soirs ma vieillesse conteuse (1),

(1) Ces vers sont de 1830. Un demi-siècle plus tard, Jules Claretie, qui était l'hôte du Poète, écrivait : « .... Ces conversations et ces souvenirs expliquent d'ailleurs profondément le génie même de Victor Hugo, son éclosion entre les murailles espagnoles..... »

Comment ce haut destin de gloire et de terreur
Qui remuait le monde aux pas de l'Empereur,
Dans son souffle orageux m'emportant sans défense,
A tous les vents de l'air fit flotter mon enfance.
Car, lorsque l'aquilon bat ses flots palpitants,
L'Océan convulsif agite en même temps
Le navire à trois ponts qui tonne avec l'orage,
Et la feuille échappée aux arbres du rivage !

Vous allez voir qu'il n'attendit pas sa « vieillesse conteuse » pour évoquer le souvenir de cette jolie aventure. Mais nous avons aussi les indiscrétions de Mme Victor Hugo. Que dites-vous de cela : Adèle racontant le premier amour de son adoré Victor ! Comment avait-elle appris ce charmant secret ? Tout simplement par la confession de l'amoureux. Et voici comment elle-même, la Muse, retraça un jour la première idylle du grand Poète :

« La maison où était Mme Hugo appartenait à une veuve qui s'en était réservé un étage. Cette veuve avait une fille.

» Victor avait neuf ans ; la fille de la veuve en avait dix. Mais dix ans pour une fille, c'est comme quinze pour un garçon. Elle le protégeait et le soignait.

» Quand il y avait un exercice à feu, Abel et Eugène, qui faisaient les grands, comme disait leur mère, ne manquaient pas d'aller voir la manœuvre sur les remparts. Victor aimait mieux rester avec la petite fille.

» Elle lui disait : « Viens avec moi, je te ferai la lecture pour te désennuyer. »

» Elle le menait dans un coin où il y avait un perron. Ils s'asseyaient tous les deux sur les marches, et elle se mettait à lire de très belles histoires dont il n'entendait pas un mot parce qu'il était occupé à la regarder.

» Sa peau, mate et transparente, avait la blancheur délicate du camélia. Il pouvait la regarder à son aise pendant qu'elle avait les yeux sur le livre. Lorsqu'elle levait la tête de son côté, il devenait tout rouge.

» Par instants, elle s'apercevait de son manque d'attention ; alors elle se fâchait, et lui disait : « Mais tu n'écoutes pas du tout ! fais donc attention, ou je cesserai de lire. » Il protestait qu'il avait écouté très bien, afin qu'elle continuât à baisser les yeux ; mais, quand elle lui demandait quel passage l'avait le plus intéressé, il ne savait que répondre.

» Une fois, elle le regarda dans un moment où il contemplait son fichu soulevé par la respiration. Il fut si troublé qu'il alla sans rien dire à la porte du perron et se mit à jouer énergiquement avec le verrou, dont il tordit la poignée tombante à s'écorcher les doigts.

» ..... Trente-trois ans plus tard, en 1844, il repassa par Bayonne. Sa première visite fut pour la maison de 1811. Était-ce le souvenir de sa mère qui l'y attirait, ou celui de la petite liseuse ? La façade était la même ; elle n'avait qu'un peu vieilli ; il revit le balcon, la porte, la fenêtre de sa chambre, mais il ne revit pas le perron de la cour ; la maison était fermée. Il ne revit pas non plus sa liseuse. Il entra dans les maisons d'à côté et demanda si elle logeait toujours là, ou ce qu'elle était devenue ; personne ne la connaissait. Il dessina la maison et se mit à errer dans la ville, avec un vague espoir de la rencontrer, mais il ne vit aucun visage qui lui ressemblât, et il n'a jamais entendu reparler de celle dont il a été amoureux à neuf ans. »

La Muse était-elle jalouse rétrospectivement, et est-ce pour cela qu'elle s'est plu à rajeunir l'héroïne de cette histoire ? A dix ans, certes, on n'est encore qu'une fillette, qu'un enfant ; mais, à quinze ans, on est une jeune fille. Or, c'est bien cet âge que Victor Hugo donne à ses premières amours (1). Car

(1) Il y a d'autres erreurs de détail dans le récit de Mme Victor Hugo. Le lecteur les remarquera lui-même en lisant la version du Maître.

le Poète, lui aussi, a raconté cette idylle.
(Et j'espère prouver plus loin qu'il a fait
mieux que de la raconter.) C'est en 1843, et
non en 1844, que le Poète revint à Bayonne.
Et c'est dans la ville même où avait eu lieu
l'aventure qu'il en écrivit le récit :

« C'était une personne de la ville, une
veuve, je crois, qui louait cette maison à ma
mère. Cette veuve habitait elle-même un
pavillon voisin de notre logis. Elle avait une
fille de quatorze ou quinze ans. Ma mémoire,
après trente années, n'a perdu aucun des
traits de cette angélique figure.

» Je la vois encore. Elle était blonde et
svelte, et me paraissait grande. C'était un
regard doux et voilé, au profil virgilien,
comme on rêve Amaryllis ou la Galatée qui
s'enfuit sous les saules. Elle avait le cou
admirablement attaché et d'une pureté ado-
rable, la main petite, le bras blanc et le
coude un peu rouge, ce qui tenait à son âge ;

détail que le mien ignorait alors. Elle était habituellement coiffée d'un madras thé à bordure verte, étroitement serré du sommet de la tête à la nuque, de façon à laisser le front à découvert et à ne cacher que°la moitié de la chevelure. Je ne me rappelle pas la robe qu'elle portait.

» Cette belle enfant venait jouer avec nous. Quelquefois, Abel et Eugène, mes aînés, plus grands et plus sérieux que moi, et « faisant les hommes », comme disait ma mère, allaient voir l'exercice à feu sur le rempart ou montaient dans leur chambre pour étudier Sobrino et feuilleter Cormon. Alors j'étais seul, je sentais l'ennui venir ; que faire ? Elle m'appelait et me disait : *Viens, que je te lise quelque chose.*

» Il y avait dans la cour une porte rehaussée de quelques marches et fermée d'un gros verrou rouillé que je vois encore, un verrou rond, à poignée en queue de porc, comme on en trouve parfois dans les vieilles caves.

C'était sur ces marches qu'elle allait s'asseoir. Je me tenais debout derrière elle, le dos appuyé à la porte.

» Elle me lisait je ne sais plus quel livre ouvert sur ses genoux. Nous avions au-dessus de nos têtes le ciel éclatant et un beau soleil qui pénétrait de lumière les tilleuls et changeait les feuilles vertes en feuilles d'or. Un vent tiède passait à travers les fentes de la vieille porte et nous caressait le visage. Elle était courbée sur son livre et lisait à voix haute.

» Pendant qu'elle lisait, je n'écoutais pas le sens des paroles, j'écoutais le son de sa voix. Par moments, mes yeux se baissaient, mon regard rencontrait son fichu entr'ouvert au-dessous de moi, et je voyais, avec un trouble mêlé d'une fascination étrange, sa gorge ronde et blanche qui s'élevait et s'abaissait doucement dans l'ombre, vaguement dorée d'un chaud reflet de soleil.

» Il arrivait parfois, dans ces moments-là,

qu'elle levait tout à coup ses grands yeux bleus, et elle me disait : *Eh bien, Victor ! tu n'écoutes pas ?*

» J'étais tout interdit, je rougissais et je tremblais, et je faisais semblant de jouer avec le gros verrou. Je ne l'embrassais jamais de moi-même; c'est elle qui m'appelait et me disait : « Embrasse-moi donc ».

» Le jour où nous partîmes, j'eus deux grands chagrins : la quitter et lâcher mes oiseaux.

» Qu'était-ce que cela, mon ami (1) ? Qu'est-ce que j'éprouvais, moi, si petit, près de cette grande belle fille innocente ? Je l'ignorais alors. J'y ai souvent songé depuis.

» Bayonne est resté dans ma mémoire comme un lieu vermeil et souriant. C'est là qu'est le plus ancien souvenir de mon cœur. Époque naïve et pourtant déjà doucement agitée ! C'est là que j'ai vu poindre, dans le

____

(1) La lettre s'adresse à Louis Boulanger.

coin le plus obscur de mon âme, cette première lueur inexprimable, aube divine de l'âme.

» Ne trouvez-vous pas, ami, qu'un pareil souvenir est un lien, et un lien que rien ne peut détruire ?

» Chose étrange que deux êtres puissent être liés de cette chaîne pour toute la vie, et ne pas se manquer pourtant, et ne pas se chercher, et être étrangers l'un à l'autre, et ne pas même se connaître ! La chaîne qui m'attache à cette douce enfant ne s'est pas rompue, mais le fil s'est brisé.

» A peine arrivé à Bayonne, j'ai fait le tour de la ville par les remparts, cherchant la maison, cherchant la porte, cherchant le verrou ; je n'ai rien retrouvé, ou du moins rien reconnu.

» Où est-elle ? que fait-elle ? est-elle morte ? Si elle vit, elle est mariée sans doute, elle a des enfants. Elle est veuve peut-être, et vieillit à son tour. Comment se peut-il que

la beauté s'en aille et que la femme reste ?
Est-ce que la femme d'à présent est bien le
même être que la jeune fille d'autrefois ?

» Peut-être viens-je de la rencontrer ?
Peut-être est-elle la femme· quelconque à
laquelle j'ai demandé mon chemin tout à
l'heure, et qui m'a regardé m'éloigner
comme un étranger ?

» Qu'il y a une amère tristesse dans tout
ceci ! Nous ne sommes donc plus que des
ombres. Nous passons les uns auprès des
autres, et nous nous effaçons comme des fu-
mées dans le ciel profond et bleu de l'éter-
nité. Les hommes sont dans l'espace ce que
les heures sont dans le temps. Quand ils ont
sonné, ils s'évanouissent. Où va notre jeunesse ? où va notre enfance ? Hélas !

» Où est la belle jeune fille de 1812 ? où
est l'enfant que j'étais alors ? Nous nous
touchions dans ce temps-là, et maintenant
nous nous touchons encore peut-être, et il y
a un abîme entre nous. La mémoire, ce

pont du passé, est brisée entre elle et moi. Elle ne connaîtrait pas mon visage, et je ne reconnaîtrais pas le son de sa voix. Elle ne sait plus mon nom, et je ne sais pas le sien (1). »

Si quelque chose égale le charme de ce récit, c'est la « Tristesse d'Olympio » qui le suit. J'ai tenu à la citer tout entière. Elle nous montre à nu l'âme élégiaque de « ce Jupiter » voyageur... Que dites-vous de cet « impassible » qui fuit Paris, tout plein de sa gloire, et s'oublie, en un coin de province, à méditer sur « le plus ancien souvenir de son cœur », et qui pense que ce souvenir « est un lien que rien ne peut détruire » ?

La petite provinciale sut-elle jamais qu'elle avait fait battre le cœur du plus

____

(1) *En voyage :* — *Alpes et Pyrénées.* (Œuvres posthumes.)

grand des poètes? Elle qui aimait la lecture, elle n'a pas dû ignorer les œuvres de Victor Hugo. Fidèle à son goût, elle en a peut-être lu tout haut des passages à un autre, qui l'aura aimée aussi, — autrement. S'est-elle aperçue alors que le nom de l'auteur était le même que celui de l'enfant timide et tendre à qui elle disait, câline : « Eh bien, Victor, embrasse-moi donc » ?

Il y a dans les *Contemplations* une *Lise* dont l'histoire m'a toujours paru avoir une grande analogie avec celle qui nous occupe. Notez que la pièce est datée de mai 1843, et que le voyage du Poëte eut lieu deux mois plus tard. Il est vrai qu'elle commence ainsi :

J'avais *douze* ans, elle en avait bien *seize.*

Mais songez que le vers et la rime ont leurs exigences. Et, à part ces exagérations du premier vers, tous les détails de l'histoire peuvent se rapporter à l'idylle de

Bayonne. La poésie se termine par cette strophe :

> Jeunes amours, si vite épanouies,
> Vous êtes l'aube et le matin du cœur.
> Charmez l'enfant, extases inouïes !
> Et, quand le soir vient avec la douleur,
> Charmez encor nos âmes éblouies,
> Jeunes amours, si vites évanouies !

*
* *

Qui a bu boira ! Victor eût oublié Lise en quittant Bayonne — s'il n'avait dû la retrouver à Madrid...

A vrai dire, ce n'était plus la même Lise. Il crut même d'abord qu'elle s'appelait Inésille. C'était, d'ailleurs, la même chose ; car il est facile de voir que *dans Inésille il y a Lise*.

> Comme elle avait la résille,
> D'abord la rime hésita.

6.

Ce devait être Inésille... —
Mais non, c'était Pepita.

Seize ans, belle et grande fille... —
(Ici la rime insista :
Rimeur, c'était Inésille.
Rime, c'était Pepita.) (1).

Va pour pour Pépita — puisqu'on était en Espagne. Il remarqua qu'elle n'avait plus les yeux bleus, mais plutôt noirs. Réflexion faite, il comprit que cela devait être — puisqu'on était en Espagne. Enfin, il s'aperçut bientôt qu'elle le trompait avec un superbe dragon. Il en souffrit beaucoup ; seulement, il s'expliqua peu à peu ce nouveau mystère. Dame ! puisqu'on était en Espagne.

Elle disait avec charme :
Marions-nous ! choisissant
Pour amoureux le gendarme
Et pour mari l'innocent.

(1) *L'Art d'être grand-père* : — *Les fredaines du grand-père enfant.*

Mais l'innocent s'écriait qu'il ne voulait pas de gendarme dans son ménage. Et elle, confuse, de se mettre en quatre pour le faire taire et pour le calmer.

> Pepa répondait : Plus bas !
> M'éteignant comme on attise.

Et tout cela est un chef-d'œuvre dans *l'Art d'être grand-père*... mais nous n'avons pas d'autre document sur Pepa. Mme Hugo elle-même a oublié de nous parler de la belle Madrilène. Peut-être le coupable a-t-il omis de lui confesser cette « fredaine ». Dame ! on peut pardonner une faute ; mais on est plus sévère pour la récidive.

III

J'arrive à la partie difficile de mon sujet...
— Beaucoup de gens regrettent — et on ne
peut leur en vouloir — que les amours de
Victor Hugo ne se soient pas bornées à son
roman avec Adèle Foucher. Malheureusement, la fidélité conjugale, vertu essentiel-
lement bourgeoise, s'il faut en croire Emile
Bergerat, fut toujours d'une pratique fort
pénible pour les poètes. Il est vrai que cette
fidélité — *rara avis* en tous temps — commence à perdre son prestige. Certaines
pièces modernes, comme *les Tenailles*, de
Paul Hervieu, l'ont quelque peu malmenée.

Et puis, n'avons-nous pas désormais le divorce? C'est tout un bouleversement qui s'opère dans nos mœurs et dans nos manières de voir. Mais tout ceci n'empêche pas les bourgeois contemporains de Caliban d'être encore très choqués par les amours extra-conjugales de Victor Hugo. Aimer deux femmes à la fois, c'est plutôt dérisoire chez nos frères les Turcs ; mais c'est plutôt excessif chez nous, chez nous où Richepin est encore seul à prétendre et à prouver que « la femme est un danger quand on n'en aime qu'une (1) ». C'est là un effet de notre vieille éducation catholique, pour qui les idées de divorce et de polygamie sont des conceptions hors nature. De tout temps, l'Église ne voulut reconnaître qu'une seule union, de même qu'elle n'admet qu'une seule Divinité. Ce Dieu est le Dieu des *fidèles*, ne l'oublions pas. Depuis des siècles, nous vivons, et nous

(1) *Les Caresses.*

légiférons, avec le respect de ces croyances. De là notre instinctive et juste appréhension pour tout ce qui s'en écarte.

Mais qu'importe à l'Amour ! Il reconnaît nos lois mais obéit aux siennes. Rien ne peut l'empêcher d'être un dieu fort épris d'indépendance, et d'un tempérament plutôt rebelle à la servitude du mariage. Ce qu'on nommait liens avant la cérémonie, on l'appelle chaînes quelque temps après (1). Il y a dans le théâtre de Banville un dialogue fort impertinent qui explique ces choses aux futurs époux :

> ......Quoi ! poser sans retour
> Sur deux fronts de vingt ans l'éteignoir de l'amour

Le mot *toujours* est certainement celui qui charme le plus les amoureux. Probablement

----

(1) On connaît la définition d'Alphonse Karr : « De grands mots avant, de petits mots pendant, de gros mots après. » — C'est aussi lui qui a dit : «L'amour naît de rien et meurt de tout. »

parce qu'il n'est rien d'aussi éphémère et d'aussi fragile que l'amour. Ce n'est, certes, pas lui qui a inventé ce mot *toujours*. — Non... mais c'est, vraisemblablement, un amoureux.

Ne croyez pas cependant que l'amour du Poète n'ait pas survécu à l'épreuve du mariage. Sa fidélité dura de longues années. Mais Olympio, si divin qu'il fût, ne pouvait pas ne pas être vaincu par celle qui lui apparut un soir, si jeune, si éblouissante et si terrible...

Toi, tu la contemplais, n'osant approcher d'elle,
Car le baril de poudre a peur de l'étincelle (1).

Voilà bien les « impassibles » !

Je ne sais quel penseur allemand, un jour qu'il philosophait très doctement sur l'amour, prétendit qu'il peut être fidèle, éternellement fidèle, mais à la condition

____

(1) *Les Voix intérieures* : — *A Ol.*

d'habiter un cœur vierge et qui ne porte pas
de cicatrices. Si le premier amour n'aboutit
pas au bonheur, le deuxième, qui est déjà
une infidélité, sera fatalement voué à l'in-
constance.

Voilà une théorie fort ingénieuse — et
utile à connaître pour tous... Si nous l'adop-
tons, — c'est, je crois, plus prudent que de
la discuter, — l'aventure qui nous occupe
s'explique aisément. Et tous les torts sont
pour la jeune fille de Bayonne. C'est elle qui
a tué dans l'œuf les germes de fidélité qui
couvaient certainement dans le jeune cœur
du Poète...

*
* *

On a beaucoup parlé de Sainte-Beuve et
de sa passion pour Mme Victor Hugo... Je
me résigne à traiter aussi la question, puisque question il y a; mais j'engage certains
lecteurs malveillants à ne point me suivre
dans ce débat, où je dirai tout le contraire

7

de ce qui a été dit et de ce qu'ils aimeraient sans doute à me voir répéter après tant d'autres. On a pu voir que je n'aime guère les « légendes »... Celle qui prétend déshonorer l'admirable compagne de notre Poëte ne me paraît pas... plus recommandable,

Le Poète a eu beau écrire *là Prière pour tous, Toi, sois bénie à jamais, Date lilia, Dolorosæ*, et tant d'autres vers inoubliables qui chantent les vertus de cette Muse, on veut absolument qu'elle ait mis sur le front d'Olympio quelque chose de plus que des lauriers... Cela est faux. J'en suis fâché pour les gens mal pensants et pour tous ceux dont l'infortune conjugale se complaît cruellement devant l'image de celle du Maître (y trouvant sans doute une consolation). Je n'ignore pas qu'on a cherché, avec un zèle digne d'un meilleur but, comme on dit sous la Coupole, des preuves irréfutables de cette infidélité. La seule sérieuse, pour le public, est dans les récits d'Alphonse Karr.

La publication de ces récits — bien qu'ils ne nomment personne — est un acte incompréhensible de la part d'un ami intime de Hugo et de toute sa famille. (Si le journalisme a ses droits, il a aussi des devoirs qui lui défendent d'en abuser.) Mais faut-il croire ces récits, qui furent un crime, et un crime inexplicable ? Non, car voici l'opinion rassurante d'Arsène Houssaye, qui n'ignorait pas les prétendues révélations d'Alphonse Karr :

« Pourquoi faire le Don Juan, quand la Nature vous a destiné à la gloire littéraire, mais pas du tout à jouer les Lovelace ?

» *Sainte-Beuve était un illusionnaire qui croyait que ses rêves se réalisaient.* Qu'il ait écrit des vers amoureux à Mme V. H..., elle a pu les lire sans trop s'offenser, en face de la passion de son mari pour Juliette. Mais ELLE ÉTAIT TROP MÈRE DE FAMILLE (1), pour prendre

(1) Mme Victor Hugo était mère de quatre enfants et en avait perdu un.

au sérieux les flirtages de Sainte-Beuve. »

Ajoutez à cela que, si *Sainte*-BÉVUE (1) a été « l'homme le plus laid de son temps », Mme Victor Hugo a été « reine par la beauté ». Le *Livre d'amour*, dont la publication est la plus grande infamie à laquelle puissent aboutir la vanité exaspérée d'un soupirant ignoble, *bien plus que laid — vilain* (2) ! et l'infernal désir de vengeance d'un amoureux éconduit, le *Livre d'amour*, dis-je, ne prouve pas autre chose que cette royauté. C'est un hymne à la gloire de la splendide souveraine. Il est fâcheux que les vers soient si peu dignes de l'idole. Et c'est là justement une autre preuve

(1) Ce surnom lui fut donné par Mme de Girardin — la « dixième Muse ».

(2) Ce mot, si féminin avec sa nuance très fine, est de Mme Victor Hugo. (Je le tiens de Paul Meurice.) Un jour, à Guernesey, comme on s'entretenait du critique (l'aurait-on fait devant elle, si l'on avait cru la légende ?), elle s'écria : « Oh ! ce pauvre Sainte-Beuve ! il n'était pas seulement laid, il était — vilain ! » trahissant par ce cri du cœur la nature du sentiment que lui avaient inspiré ses déclarations.

de l'impossibilité de ce qu'ils prétendent (1).
Où est la femme, si pervertie fût-elle, qui
voudrait trahir le plus grand des poètes
pour le plus impuissant des rimailleurs (2)?

Et peut-on soutenir sérieusement qu'il
suffit d'être un hideux personnage, sans
âme (3), au facies marqué de petite vérole,
et d'avoir dans le style la même flétris-
sure (4), pour éblouir et subjuguer la plus

(1) Les vers sont trop mauvais pour que ce soit vrai.
(Paroles de Théophile Gautier.)

(2) M. A.-J. Pons lui-même, un des panégyristes auto-
risés de Sainte-Beuve, juge ainsi les tentatives poétiques
de son défunt patron : « L'expression seule lui a fait
défaut. Impuissant à dompter la langue poétique, à lui
faire rendre toute sa pensée, il en gémit, il en souffre;
le tourment de son âme a passé dans ses vers et nous le
subissons nous-mêmes en le lisant. » — Seulement, il
est probable que la Muse ne voulut pas le subir.

(3) Ce n'est qu'un système nerveux doublé d'un amour-
propre en littérature, mais une âme — non !

(Barbey d'Aurevilly.)

(4) Il a inventé les *peut-être*, les *il me semble*, les *on
pourrait dire*, les *me serait-il permis de penser*, etc., locu-
tions abominables, qui sont la petite vérole de son
style...

(Barbey d'Aurevilly.)

7.

pure et la plus belle des Muses qui ait jamais inspiré l'âme d'un poëte...

Singulier adultère, au demeurant, où c'est l'amant qui est laid, le mari qui est beau, et où la femme est une mère de famille exemplaire. Bref, tout l'opposé des adultères connus jusqu'à ce jour.

Cependant, il paraît que les preuves abondent. L'excellent Troubat les collectionne. Il en détient chaque jour de nouvelles, et elles sont toujours plus probantes, plus convaincantes que celles de la veille. Mais, on le sait, *qui veut trop prouver*.....

Défions-nous des preuves ! En pareille matière, la plus grave, la plus troublante peut être suspecte. Je crois que, si l'on avait mis à chercher des preuves... favorables autant d'ardeur que l'on en a mis à chercher celles que l'on nous sert, on aurait peut-être abouti à une conviction moins déshonorante...

(— Déshonorante pour Mme Hugo...?
— Non, pour les polémistes.)

Seulement, voilà, on est fougueux pour le mal, comme dit Hugo ; mais on l'est moins pour une belle cause.

Il existe à Paris quelques personnes — quatre surtout — (que je ne dois pas nommer ici) qui croient absolument, et pour des raisons graves (que je ne puis trahir), à l'authenticité… du délit. Qu'il me soit permis de leur dire que j'en sais autant qu'elles, et peut-être plus qu'elles, — et que je ne partage nullement leur conviction. Pour ces choses-là, il faudrait avoir tout vu pour avoir le droit de *tout croire* (ce qui n'est pas beau), et de *tout affirmer* (ce qui est horrible !). Faut-il leur expliquer que des documents peuvent fort bien ne pas être une preuve ? (et ils n'en sont pas une dans le cas qui nous occupe). Songez à la quantité de gens qui furent pendus ou décapités, brûlés ou écartelés, en vertu de preuves écrites qui furent reconnues fausses quelque temps après leur exécution ! Le

Christ n'avait peut-être pas bien tort quand il s'écriait avec épouvante : Ne jugez pas !

Non seulement nous jugeons, mais nous condamnons...

« Un peu de Triboulet — côté physique —, un peu de Lovelace — côté moral — et un peu d'Aristote — côté intellect —, voilà tout Sainte-Beuve », disait Alphonse Karr...

On n'apprend pas à un vieux singe à faire la grimace ; c'est le cas de le dire. Et Sainte-Beuve savait bien que ses affirmations, que son lyrisme anémique même, ne suffiraient pas à donner de la vraisemblance au plus invraisemblable des phénomènes.

Comment ne pas se douter que ce satanique personnage, qui a eu, — notez ce détail ! — tant de maîtresses (oh ! peu... décoratives !), a dû accumuler, sa vie durant, des tas de preuves, forgées de toutes pièces, avec ou sans collaboration consciente, — il n'a, d'ailleurs, pas inventé cette supercherie, — et former de tout cela un faisceau indestructible, pour justifier ses pauvres rimes et nous imposer la foi dans sa bonne fortune. C'est le triomphe de la plus forte mystification du siècle. Lemice-Terrieux n'eût pas rêvé cela... (Aussi je ris sous cape malgré moi, quand je pense à une scène inédite qui s'est jouée il y a quelques années à Paris dans le plus grand secret...)

Mais, pour en revenir aux admirables polémistes qui font si bon marché de la vertu, pourtant avérée, d'une femme, je crains que ces messieurs ne détiennent pas encore autant de preuves qu'ils en voudraient. Plus familier peut-être avec mon Hugo, je ne veux point méconnaître la joie de leur en fournir une nouvelle — et qui vaut bien les leurs. Elle est absolument inédite, bien que je la puise dans le *Théâtre en liberté*.

On trouve, en effet, dans la pièce intitulée *les Gueux*, ce vers sublime, qui eût ravi Molière... :

Toutes les femmes font tous les hommes cocus.

N'est-il pas vrai que cela ressemble fort à un aveu... à un soupir qu'exhalerait Samson après la trahison de Dalila?

Et quelle preuve précieuse, messieurs ! C'est la preuve du mari, la seule qui vous manque. *Habemus confitentem*...

Mais je dois vous soumettre une objection. Il m'a toujours semblé prudent de croire que le Maître eût hésité à formuler sa règle générale, s'il n'avait pas été certain d'être lui-même l'exception qui la confirme...

Et là-dessus, je reviens aux preuves favorables.

On peut faire dire à un livre bien des choses. Je ne crois pas cependant qu'on puisse trouver dans la *Correspondance* de Victor Hugo la preuve, je ne dis pas de l'amour, car cela n'est pas à discuter, mais du triomphe de Sainte-Beuve. Pour moi, qui ai pesé toutes les phrases dans chacune des lettres à Sainte-Beuve, elles m'ont paru tout à fait rassurantes. Et mon avis est que

Sainte-BÉVUE aurait bien dû les brûler, comme l'ami le lui demandait, — la femme de César ne devant pas même être soupçonnée ! — il aurait bien dû les brûler, dis-je, car elles démontrent que tout est fable dans son extraordinaire *Livre d'amour*.

Seulement, je crois — et c'est ce qui m'a poussé à parler de ces vilaines choses — je crois que l'horrible amour de Sainte-Beuve a été encore plus habile, plus industrieux, plus tacticien qu'on ne l'a dit, et je prouverai peut-être quelque jour que l'infidélité de Hugo fut son œuvre... Songez qu'il était l'ami intime, le confident et l'hôte journalier du Poëte ; songez enfin qu'il ne dut pas être bien scrupuleux dans le choix des moyens pour écarter ce « rival » aimé qui était le maître...

***

Il rêvera partout à la chaleur du sein,

dit Alfred de Vigny, expliquant cet éternel *besoin de la femme* qui commence au berceau. Cela est vrai, je crois, pour chacun de nous, mais cela est surtout vrai pour Victor Hugo. Enfant, il a aimé sa mère avec passion, avec idolâtrie. Puis, dès sa neuvième année, ce Chérubin précoce commence à porter son culte à une autre femme. Ses frères, pourtant plus âgés, ne prennent pas garde à cette belle enfant et vont voir manœuvrer des soldats. Lui reste auprès d'elle, il ne se plaît qu'avec elle... Il la perd bientôt, et c'est pour lui un grand chagrin. Heureusement, il n'a point passé l'âge où l'amour d'une mère est un baume rapide; il oublie cette apparition. Mais, quelque temps après, l'idylle recommence.

Le cœur s'était fermé en s'éloignant de Lise ; il se rouvre plus tendre en approchant Pepa. Et, cette fois, l'amour s'aggrave d'une pointe de jalousie. Le chagrin du départ fut certainement plus profond. Et il fallut de nouveau que la tendresse maternelle fût bien puissante... Mais tout cela, c'était de l'aube ; voici du plein soleil. Voici Adèle. Ce coup-ci, l'épreuve est décisive ; la mère elle-même sera vaincue. Du reste, elle meurt, et le vide cruel qui se fait dans la vie du poète ne peut être rempli qu'avec un autre amour. Celui d'un autre ange ; car, après sa mère, il ne peut aimer qu'une « créature céleste ». Ange ou non, la femme le tient tout entier cette fois, et pour toujours. Sans doute, il changera encore d'idole — ou, plutôt, il connaîtra un nouveau culte (qui n'abolira point l'autre) ; mais son besoin de la femme, lui, ne variera point, ne s'atténuera point. Rappelez-vous les vers cités au commencement de cette étude (*Le colosse a besoin, qu'il soit lion ou mage*.....), et voyez combien j'avais raison de les trouver révélateurs d'un état d'âme.

L'infidélité de Hugo fut, hélas ! une chose fatale, qu'amenèrent des circonstances plus fortes que le Poète — appelons-les des circonstances... atténuantes. — Mais elles ne suffisent point à expliquer le fait. On sait, en effet, qu'il ne s'agit pas du rêve d'un jour ; le charme a duré jusqu'à la mort...

Qui oserait s'en plaindre, quand nous lui devons de si beaux vers, de si magnifiques élégies ? Alfred Asseline, le cousin germain de Mme Victor Hugo, a lui-même écrit ces lignes, qui ne sont pas d'une philosophie bien profonde, mais qui renferment une théorie à la portée des gens du monde (du monde où l'on se pique de morale, plutôt que de celui où l'on pense) :

« Dans l'état où sont nos mœurs, il est admis que les hommes supérieurs ont le privilège d'imposer à ce qu'on appelle le monde, à la société dont ils sont le charme et l'honneur, une amie — l'amie — la femme qu'il leur a plu de choisir comme le témoin voilé de leurs travaux, celle qui, légitime ou non, se tient dans l'ombre, confidente discrète du génie, au moment où ses rayons s'allument. »

C'est sans doute cette morale, appropriée à « l'état où sont nos mœurs », qui fit pardonner Mme d'Houdetot à Saint-Lambert et Mme Récamier à Chateaubriand. Mais aujourd'hui elle nous paraît un peu étroite ; une excuse ne nous suffit plus... Dès qu'on reconnaît dans le divorce une chose naturelle et normale, on est bien forcé de trouver normal et naturel ce qui le nécessite. La grande question n'est pas de savoir si l'infidélité du Poète fut une infraction grave à des lois qui nous paraissent de plus en plus discutables, et une offense à des mœurs qui admettent l'hypocrisie des adultères de vaudeville tout

en s'offusquant des grandes passions sincères — chevauchées de l'Amour et de la
Poésie dans le pays de l'Idéal, bien loin de
la vanité dérisoire de nos principes niveleurs.
Non, il s'agit simplement, et c'est ce que l'on
néglige le plus, d'examiner cette histoire au
point de vue psychologique et au point de
vue de l'Art. Au point de vue psychologique,
il y a là une apparence de mystère, dont j'ai
signalé plus haut les fausses ténèbres ; au
point de vue de l'Art, il n'y a là aucune com-
plication, il y a simplement une prise de
possession. L'Amour est le domaine par
excellence du Poëte. Et l'amour conjugal
peut ne pas suffire à son inspiration, sans
qu'il y ait lieu de requérir l'intervention de
la loi. Voyez-vous bien cela : deux agents
suivis d'un commissaire en écharpe péné-
trant un soir chez la Muse et verbalisant
contre Olympio ! Aristophane seul aurait pu
se permettre cette énorme bouffonnerie.

Mais ceux qui s'attristeraient de voir *Vic-*

tor devenu indifférent pour son *Adèle* peuvent se rassurer. Il eut pour elle, après la fin de leur roman, une affection qui valait bien l'amour, sentiment profond et pur, fait de tendresse pour l'épouse et de vénération pour la mère. *En voyage* et la *Correspondance*, pleins de lettres à elle adressées, montrent bien quel attachement (Oui, certes !) et quel culte il gardait à la Muse de son foyer.

L'autre Muse l'inspirait aussi dans le même temps, et l'œuvre du Poète lui doit beaucoup (1)... Aussi l'épouse a-t-elle pardonné. Elle a souffert, sans doute, mais elle savait aimer.

Le Poète atteignit à une vision très large de l'Amour. Pour lui, tout dans la nature conjugue le verbe Aimer, l'éternel verbe, comme il dit.

---

(1) Tout le monde connaît certaines pièces fameuses des premiers recueils, et le livre de *L'âme en fleur* dans les *Contemplations*. Mais on connaît beaucoup moins le livre VI de *Toute la lyre* ; — *L'Amour*, qui est plein de

O jeunesse, ô seins nus des femmes dans les bois !
Oh ! quelle vaste idylle et que de sombres voix !
Comme tout le hallier, plein d'invisibles mondes,
Rit dans le clair-obscur des églogues profondes !
J'aime la vision de ces réalités ;
La vie aux yeux sereins luit de tous les côtés ;
La chanson des forêts est d'une douceur telle
Que, si Phébus l'entend quand, rêveur, il dételle
Ses chevaux las souvent au point de haleter,
Il s'arrête et fait signe aux Muses d'écouter (1).

Quels vers, n'est-ce pas ! Et quel tableau ! Où donc est le Puvis qui traduira cela, qui animera, dans une toile idéale, toutes « ces réalités » ?

Mais je m'arrête — malgré moi ! On est toujours tenté, en parlant de Hugo, d'écrire tout un volume ; et il serait facile, certes, d'improviser sur lui plusieurs in-octavo. Mais ce plaisir ne vaudrait pas le bonheur

révélations. (Voir, notamment, la pièce intitulée : *Amour secret.*)

(1) *Toute la Lyre* (*L'Amour : — Mai*).

de le lire. — Et je n'ai encore lu qu'une seule fois les *Lettres à la fiancée*.

En vérité, nous devons beaucoup de reconnaissance à notre vénéré maître Paul Meurice. Il aura bientôt la joie de présider au centenaire de 1902 ; il a dès maintenant celle de nous offrir un souvenir de Hugo qui est une chose rare entre les plus rares merveilles. Car c'est tout simplement l'âme et le cœur de l'Enfant sublime. Évidemment, il n'y a pas là une œuvre, mais il y a incontestablement un chef-d'œuvre. Les *Lettres à la fiancée* sont le plus riche document d'amour que nous possédions. Triomphera-t-il de cette légende qui va sourire devant l'épigraphe de mon étude (1)? Non, ne l'espérez pas. Nous avons vu que cela n'est pas possible. Mais qu'importe, après tout ! Hugo n'en a pas moins aimé. Ne serait-il pas

(1) « Vous m'avez toujours cru... etc. » (Voir la *Correspondance* de Victor Hugo — 1815-1835. — (Calmann Lévy, 1896), (p. 300.)

affreux de penser qu'il en a été autrement,
et de pouvoir appliquer au prince des poètes
ce vers lugubre qui s'adresse aux plus grands
parias de la terre, aux plus à plaindre de
tous les déshérités :

Vous n'avez pas vécu, vous n'avez pas aimé !

(Avril 1901.)

NOTES ET ADDITIONS

NOTES ET ADDITIONS

Page 22.

Ce jeune critique est un homme de beaucoup d'esprit.

Je me fais un devoir de reconnaître que j'estime fort le talent de mon « jeune critique. » Le fait de réfuter, sans inimitié, sinon sans irritation, quelques erreurs qu'il a commises de bonne foi, prouve assez que sa prose ne me laisse point indifférent. Si je mets quelque vivacité dans mon plaidoyer, mon excellent confrère, qui est homme d'esprit, saura voir là, non pas une marque de malveillance pour lui, mais une preuve nouvelle de mon amour pour le Maître qu'il aime aussi. Il est permis d'être chatouilleux à l'endroit de Hugo. Et puis, l'occasion est excellente, pour sabrer à nouveau quelques préjugés qui ont la vie dure. Cette queue de chien repousse toujours ; ne nous lassons pas de la recouper.

Page 67.

Nous n'avons pas d'autre document sur Pepa.

Pas d'autre document que les vers du Poète. Raison de plus pour noter tous ceux que lui inspira la jeune Espagnole. Outre les *Fredaines du grand-père enfant*, il y a une pièce, ou plutôt une fin de pièce, moins connue. Pour cette raison, je veux la citer ici, d'autant plus qu'elle appartient aux *Quatre vents de l'esprit*, un recueil que le « jeune critique » sacrifierait volontiers, dit-il, mais que je ne donnerais pas, moi, pour tous ses vers, bien que je les goûte beaucoup. (Car le « jeune critique » est surtout poète. Il aurait tort de croire que sa prose me l'avait fait oublier — d'autant plus que ses critiques ne sont vraimentpas faites pour ça...)

Voici donc la fin du poème intitulé *Nuits d'hiver*.

Enfance ! Madrid ! campagne
Où mon père nous quitta !
Et dans le soleil l'Espagne,
Toi dans l'ombre, Pepita !

Moi, huit ans, elle le double ;
En m'appelant son mari,
Elle m'emplissait de trouble... —
O rameaux de mai fleuri !

Elle aimait un capitaine ;
J'ai compris plus tard pourquoi,
Tout en l'aimant, la hautaine
N'était douce que pour moi.

Elle attisait son martyre
Avec moi, pour l'embraser,
Lui refusait un sourire
Et me donnait un baiser.

L'innocente, en sa paresse,
Se livrant sans se faner,
Me donnait cette caresse
Afin de ne rien donner.

Et ce baiser économe,
Qui me semblait généreux,
Rendait jaloux le jeune homme,
Et me rendait amoureux.

Il partait, la main crispée ;
Et, me sentant un rival,
Je méditais une épée
Et me rêvais un cheval.

Ainsi, du bout de son aile
Touchant mon cœur nouveau-né,
Gaie, ayant dans sa prunelle
Un doux regard étonné,

> Sans savoir qu'elle était femme,
> Et riant de m'épouser,
> Cet ange allumait mon âme
> Dans l'ombre avec un baiser.
>
> Mal ou bien, épine ou rose,
> A tout âge, sages, fous,
> Nous apprenons quelque chose
> D'un enfant plus vieux que nous.
>
> Un jour la pauvre petite
> S'endormit sous le gazon... —
> Comme la nuit tombe vite
> Sur notre sombre horizon !

Pauvre Pepita ! Elle se refusait à l'amour, et c'est le tombeau qui l'a prise.

Hélas ! que j'en ai vu mourir de jeunes filles !

Pepita en est (1). Ne serait-ce pas celle qu'il a désignée ainsi :

(1) Que j'en ai vu mourir ! — L'une était rose et blanche ;
L'autre semblait ouïr de célestes accords ;
L'autre, faible, appuyait d'un bras son front qui penche,
Et, comme en s'envolant l'oiseau courbe la branche,
  Son âme avait brisé son corps.
. . . .
 Une s'évanouit, comme un chant sur la lyre ;
 Une autre en expirant avait le doux sourire,
  D'un jeune ange qui s'en revient.

Une, pâle, égarée, en proie au noir délire,
    Disait tout bas un nom dont nul ne se souvient.

Quel était ce nom? Celui du jaloux... mais tous les deux l'étaient... celui de l'amoureux à qui l'on refusait un sourire? ou celui du « mari » à qui l'on donnait un baiser?

Mais nous allons peut-être en savoir davantage. Feuilletons encore le poème, et tâchons de lire entre les lignes...

Quoi! mortes! quoi, déjà, sous la pierre couchées!
Quoi! tant d'êtres charmants sans regard et sans voix!
Tant de flambeaux éteints! tant de fleurs arrachées!...
Oh! laissez-moi fouler les feuilles desséchées,
    Et m'égarer au fond des bois!

Doux fantômes! c'est là, quand je rêve dans l'ombre,
Qu'ils viennent tour à tour m'entendre et me parler.
Un jour douteux me montre et me cache leur nombre;
A travers les rameaux et le feuillage sombre,
    Je vois leurs yeux étinceler.

Mon âme est une sœur pour ces ombres si belles.
. . . .
Elles prêtent leur forme à toutes mes pensées.

Je les vois! je les vois! Elles me disent : « Viens! »
. . . .
Une surtout...

Regardez! regardez! voici, je crois, le spectre de
Pepita qui se lève...

Une surtout :— Un ange, *une jeune Espagnole!*
Blanches mains, sein gonflé de soupirs innocents,
Un œil noir, où luisaient des regards de créole,
Et ce charme inconnu, cette fraîche auréole
     Qui couronne un front de quinze ans!

Non, ce n'est point d'amour qu'elle est morte...

Paix aux cendres du capitaine .

                 Pour elle,
L'amour n'avait encor ni plaisirs ni combats;
Rien ne faisait encor battre son cœur rebelle.

Rebelle... c'est bien cela. Rappelez-vous son petit
manège...

Quand tous en la voyant s'écriaient : « Qu'elle est belle! »
    Nul ne le lui disait tout bas.

— Pardon ! pardon ! et le gendarme ? direz-vous.
— Mais vous savez bien qu'elle ne l'entendait pas,
qu'elle ne l'écoutait pas... — Et l'autre, le... « mari » ?
— Oh ! lui sait bien, maintenant, que c'était pour
rire...

Elle allait moissonnant les roses de la vie,
     Beauté, plaisir, jeunesse, *amour!*

   Amour !... Mais

Elle aimait trop le bal...

   Et pas assez le capitaine!

Elle aimait trop le bal, c'est ce qui l'a tuée.
Le bal éblouissant, le bal délicieux !
Sa cendre encor frémit, doucement remuée,
Quand, dans la nuit sereine une blanche nuée.
     Danse autour du croissant des cieux.

     .   .   .   .

C'était plaisir de voir danser la jeune fille!
Sa basquine agitait ses paillettes d'azur ;
Ses grands yeux noirs brillaient sous la noire mantille :
Telle une double étoile au front des nuits scintille
     Sous les plis d'un nuage obscur.

     .   .   .   .

Mais, hélas ! il fallait, quand l'aube était venue,
Partir, attendre au seuil le manteau de satin.
C'est alors que souvent la danseuse ingénue
Sentit en frissonnant sur son épaule nue
     Glisser le souffle du matin.

   Et le souffle du matin éteignit les yeux noirs qui brillaient sous la noire mantille.

   Et voilà pourquoi le jeune... veuf aima si peu la danse !

   On le vit souvent au bal, mais... mais plus d'une beauté célèbre qui rêvait de se balancer triomphante aux bras d'Olympio, dut renoncer à cette gloire.

Car c'était un étrange cavalier, qui aimait le bal... autrement que Pepita... Tenez ! nous voici, par exemple, à une grande soirée mondaine, sous Louis-Philippe. Déjà la musique prélude, les bras se cherchent, les petits pieds des valseuses frémissent dans le satin... Écoutons Olympio parler à la dame de son choix...

Il lui disait : On a dans ces bruyants ébats
    Une liberté plus entière,
C'est la foule, *on est seul en ces salons dorés ;*
Le bal joyeux nous cache aux regards effarés
    Dans un tourbillon de lumière.

Les quadrilles ardents, follement entraînés,
Bondissent. Nous rêvons, l'un sur l'autre inclinés,
    Un rêve peut-être impossible.
Sans voir ces fleurs, sans voir ces fronts épanouis,
Nous passons dans ce bal rayonnant, éblouis
    Par une autre fête invisible.
. . . .

La foule rit, notre âme est plus ravie encor.
Pour eux, à ces plafonds, brillent les lustres d'or,
    Et pour nous, plus haut, les étoiles (1).

Pepita ! belle Pepita ! l'écolier qui n'avait pu valser avec vous, n'a dansé de sa vie avec une autre femme...

(1) *Toute la lyre*, liv. VI : — *Au bal.*

Pages 74 et 75.

On a cherché des preuves irréfutables de cette infidélité. La seule sérieuse est dans les récits d'Alphonse Karr. La publication de ces récits — bien qu'ils ne nomment personne — est un acte incompréhensible de la part d'un ami intime de Hugo et de toute sa famille... Mais faut-il croire ces récits qui furent un crime, et un crime inexplicable?

Crime? oui. (Car il fallait prévenir le scandale, mais non aller le provoquer, et plus tard en faire le récit.) Inexplicable? non. Non, en définitive, puisque aujourd'hui tous les crimes doivent pouvoir s'expliquer...

Le tort d'Alphonse Karr fut de trop écouter sa haine pour Sainte-Beuve ; la haine est aveugle aussi, et mauvaise conseillère. Pourquoi faire de la *copie* avec cela ? Pourquoi, plus tard, réserver à cela un chapitre de ses mémoires ?

Alphonse Karr a, d'ailleurs, donné deux versions très différentes de son histoire. Et comment croire à la visite que raconte le *Livre de bord*, maintenant que nous possédons la *Correspondance* du Maître et que nous pouvons y lire ces lignes de 1831 (reproche de Victor Hugo à Sainte-Beuve, qu'il aime encore) :

« L'obligation qui m'est imposée par une personne que je ne dois pas nommer ici d'être toujours là quand vous y êtes. »

Il est facile, avec la *Correspondance*, —°et avec un document dont je parlerai plus loin — de reconstituer toute l'histoire.

C'est du Tartufe raffiné. Le fourbe, ici, ne fait point d'aveux directs. Il laisse le mari travailler inconsciemment pour lui et le rendre intéressant. Il disparaît donc après avoir dit son mal à son ami. L'ami explique cette absence et ce long silence comme il peut ; mais, à bout d'inventions, il finit — c'était prévu — par révéler la véritable cause... Ce machiavélisme supplée avec avantage à une déclaration personnelle, dangereuse pour l'esthétique et pour le succès de sa cause. Voyez-vous ce difforme roucoulant :

> Et je n'ai pu vous voir, parfaite créature,
> Sans admirer en vous l'auteur de la nature (1) !

Qu'eût répondu la « parfaite créature », sinon qu'elle n'avait pu le voir sans admirer en lui... tout le contraire ? — Mais, avec la révélation laissée au mari, on échappe au ridicule qui tue et on aboutit à

(1) *Tartufe*, acte III, scène III.

lá pitié qui... qui peut beaucoup. En effet, on le plaint, on le regrette, on songe à ses mérites, à son héroïsme notamment, et on finit par le rappeler, l'absence ayant dû le guérir et l'épreuve ayant assez duré. Le voilà revenu, grandi par son exil volontaire, idéalisé par tout ce passé mystérieux d'amour inavoué, amour peu inquiétant pour le mari et flatteur, malgré tout, pour la femme.

Mais toute cette belle tactique échoue. Trop de laideur, d'un côté ; trop de fidélité, de l'autre. L'amoureux n'a rien gagné ; son éloignement, son silence avaient fait regretter l'ami ; sa présence et ses paroles font rejeter le soupirant. Cette fois, il est banni malgré lui. Et si on le tolère à nouveau quelque temps après, c'est à la condition qu'il sera sage et ne démentira point le beau passé qu'on lui attribue encore. Mais toutes ces épreuves ont exaspéré la passion de Tartufe. Maintenant il est décidé à tout...

Et alors le dénouement fut rapide, car *Sainte*-BÉVUE dut justifier son nom et se trahir... On vit cette âme à nu ; on vit qu'elle était aussi laide que son « vilain » masque — et l'on mit toute cette abjection à la porte.

Nous ignorerions cette scène, si *Sainte*-BÉVUE avait caché sa honte. Malheureusement, il n'a pas brûlé les lettres de Victor Hugo (1) (qui nous révèlent ce

---

(1) Il avait, il est vrai, écrit sur la liasse de ces lettres *A brûler après ma mort.*

qu'on vient de lire) et il a écrit le *Livre d'amour* (qui amena ce qu'on va lire). Ce *Livre d'amour* est une œuvre de haine. J'ai noté les deux sentiments qui l'inspirèrent. Rappelons-nous que l'impression du volume date de 1845. Aussi Victor Hugo, informé du fait, ne s'abusa-t-il pas un instant sur le bût de cette infamie. Et nous avons de lui quelques vers dus à cette horrible nouvelle (2). Celle-ci a ému mais non surpris le poète. Il s'attendait à une vengeance.

> Rien de toi ne m'étonne, ô fourbe tortueux.

Et il évoque, dans le style terrible des *Châtiments*, la scène... des adieux.

> Le jour où je te mis hors de chez moi, vil drôle.

Oui, le mari s'attendait à tout. N'avait-il pas vu jusqu'au fond de cette âme, et compris de quoi pouvait être capable sa *lâcheté changée en haine* — et, ajoute-t-il,

> Et ce que méditait ta laideur dédaignée ;
> Car on pressent la toile en voyant l'araignée.

(1) Arsène Houssaye a ignoré ces vers. Aussi nous abusa-t-il étrangement, lorsqu'il écrivit dans le *Journal*, en février 1895 — quelques mois avant sa mort (et un an et demi avant la publication du premier volume de la *Correspondance* : « Nul ne lui pardonna (à l'auteur du *Livre d'amour*), *hormis Victor Hugo*, qui n'avait pas douté un seul instant de la vertu de sa femme. »

Georges Rodenbach a, le premier, publié ces vers, peu connus. encore, qui figureront dans le prochain et dernier recueil du Maître. Une note de celui-ci, écrite en marge du poème, disait : « *Ne publier ceci que si le libelle paraît ; autrement faire grâce à cette vilaine ombre* ». Le libelle, c'est le *Livre d'amour*. Il n'a point páru ; mais il en circule tant d'exemplaires, on en a publié tant de fragments, et il s'est fait un tel bruit autour de cette ignominie qu'on ne pouvait songer à « faire grâce »...

Je ne puis raconter ici — ce serait, d'ailleurs, empiéter sur le sujet d'une autre étude en prépara-tion, (*Victor Hugo et l'Académie*) — la réception de Sainte-Beuve parmi les Quarante... On sait que Victor Hugo, directeur à ce moment-là, fut obligé de prononcer le discours d'usage, en réponse à celui du récipiendaire.) Mais il faut noter que Victor Hugo (comme s'il eût pressenti ce qui allait se passer) avait combattu de son mieux la candidature de Sainte-Beuve. Ceci dut porter à son paroxysme la haine de son ennemi. Il ne désarma point devant les paroles nobles et indulgentes du Maître, et un mois après il faisait imprimer son « libelle »... Tout ce que sa haine lui avait permis, c'est d'attendre que son élection fût assurée, car le libelle l'aurait certai-nement compromise...

Page 76.

Ce surnom lui fut donné par Mme de Girardin.

Son coup de griffe amusa beaucoup. Mais (il y a loin de la griffe du chat à celle du lion !) Balzac, lui, a trouvé mieux. Il appelle l'auteur du *Livre d'amour* : *Sainte*-BAVE (1). Mot génial qui peint notre homme entièrement.

Page 76.

Le *Livre d'amour*, dont la publication (1) est la plus grande infamie à laquelle puissent aboutir la vanité exaspérée d'un soupirant ignoble.....

Voici ce que Georges Rodenbach, un de ceux qui ont le mieux connu toute cette histoire, écrivait, à ce sujet, dans le *Figaro* du 28 décembre 1896 (à l'époque où parut le premier volume de la correspondance de Victor Hugo) :

« ..... Sainte-Beuve voulut aussi imaginer son

(1) Alphonse Karr avait dit : *une limace sur une rose...*
(2) On sait qu'elle fut empêchée à temps par Alphonse Karr.

roman. Il le voulut d'autant plus qu'il était laid, d'une laideur évidente...

» Il dut désirer sans cesse des femmes idéales, car on aime surtout ce qu'on n'a pas. JOIE ALORS D'AC-CRÉDITER UNE BONNE FORTUNE INOUIE, ET AINSI DE S'AFFRANCHIR DE LA LAIDEUR OBSÉDANTE! Oui, il fut aimé! Qui donc a dit qu'il était laid? Il écrit à propos du trouble qu'il causa à son amante (1) :

» Mon visage assidu, délice de tes yeux!

» Le voilà non seulement aimé, mais beau devant les siècles! Décidément il veut trop prouver..... IL S'EFFORCE D'INSISTER, DE PRÉCISER, D'ACCUMULER LES DÉTAILS COMME DES PREUVES..... Ainsi nous avons eu précisément dans les mains un exemplaire (du *Livre d'amour*) d'un intérêt unique, tout annoté de sa main, *en vue assurément d'une réédition, plus tard, et de la postérité*. Il écrit ceci, au seuil, de sa fine écriture retorse et câline : « Ce sont des vers d'amour... On s'est décidé à en assurer l'existence, puisqu'ils ont été faits de l'aveu des deux êtres inté-ressés, pour consacrer le souvenir de leur lien..» C'est bien invraisemblable, cela.

» ...... On saisit sur le vif SON PERPÉTUEL SOUCI DE PARADER D'UNE LIAISON QUI FLATTE SA FATUITÉ, PUISQUE ADÈLE HUGO FUT LA PLUS BELLE ET LA FEMME DU PLUS GRAND. »

(1) Il dut la troubler, en effet !... Mais comment?...

Rodenbach semble avoir ignoré le trait le plus invraisemblable, la folie de Sainte-Beuve allant jusqu'à se dire le père du dernier-né de Mme Victor Hugo ! Ici, pas de commentaire possible, il est vrai. C'est tellement *fort* !... Et puis, les vers du Maître suffisent. N'a-t-il pas stigmatisé, comme il convenait cette *lâcheté changée en haine et*

le dégoût

Qu'à d'elle-même une âme où s'amasse un égout.....

Page 79-81.

Il existe à Paris quelques personnes — quatre surtout — (que je ne dois pas nommer ici) qui croient absolument, et pour des raisons graves (que je ne puis trahir), à l'authenticité du délit.....

... (Aussi je ris sous cape malgré moi, quand je pense à une scène inédite qui s'est jouée il y a quelques années à Paris dans le plus grand secret...)

Je n'hésite point à reconnaître — très heureux d'avoir à le faire — que j'ai été, le fait est certain, que j'ai été, dis-je, — ainsi, d'ailleurs, qu'un émi-

nent confrère du *Temps* — victime d'une mystification du plus mauvais goût...

Ce qui veut dire qu'il ne faut pas croire un mot
de ce que sous-entendent les deux passages ci-
dessus. — Je les maintiens pour deux raisons :
d'abord, parce qu'ils ont déjà paru (ainsi que toute
mon étude, — sauf ces additions) dans un pério-
dique, et que par conséquent je puis les démentir,
mais non les supprimer ; ensuite, parce que l'argu-
mentation des pages 79 et suivantes répond d'avance
à tout libelle possible qui s'armerait avec perfidie,
contre la vérité, de ce document mystificateur ou
d'un autre analogue.

Page 88.

Aristophane seul aurait pu se permettre
cette énorme bouffonnerie.

Or, comme Aristophane est de tous les siècles, la
scène a été faite. Aristophane, ce jour-là, s'était dé-
guisé en historien, ce qui aggrave son cas. (Voir *Les
Confessions*, d'Arsène Houssaye, t. I, page 262 et
suivantes.) L'idylle, si courte, de M. Apollo et de
Mme Aphrodita, que j'ai sacrifiée... — est bien authen-
tique ; mais le dénouement du conteur l'est peut-être
moins. Et je trouve qu'il manque une épigraphe au

récit de notre humoriste. La préface du plus beau livre de Hugo pourrait, semble-t-il, en fournir le texte. L'auteur d'*Eviradnus* et du *Mariage de Roland* n'a-t-il pas dit de son œuvre : — *C'est de l'histoire écoutée aux portes de la légende.*

Juin 1901.

ÉMILE COLIN, IMPRIMERIE DE LAGNY (S.-&-M.)

9 782019 477431